나는
부동산
싸게
사기로
했다

이코노미스트가 데이터로 말하는
내 집 싸게 사는 법

나는
부동산
싸게
사기로
했다

김효진 지음

메
카르북스

"나는 이 세상 월급쟁이들이 절대 부동산 부자가 될 수 없다고 생각했던 비관적인 사람"

월급?

답이 없다.

경매나 임대업?

엄두도 안 난다.

적은 돈으로 시작해서 부동산으로 크게 성공한 실제 경험담?

나와는 다른 세상의 이야기다.

인생 100세 시대 노후 준비?

노후 준비는 무슨, 바로 눈앞에 빚이 산더미다.

  부동산 투자 관련 책을 읽다 보면 '나도 할 수 있다'보다는 '이 사람 대단하네. 괜히 돈 버는 게 아니구나'라는 생각과 함께 저자를 존경하며 책의 마지막 장을 덮는 것으로 마무리된다. 부동산 투자에 관심을 갖고 열정적으로 독서에 임한 결말이 이렇게 허무하게 끝이 난다.

나름 증권사에서 십 년 넘게 숫자씨름을 해온 내가 이 정도라면……

다른 사람들은 오죽할까?

아마 실천에 옮기기가 쉽지 않을 것이다.

그럼에도 불구하고 "집"

전세든 월세든 매매든 방 한 칸이라도 구해서 살아가야만 하는 우리.

그런 우리가 가장 궁금해하는 것은 '과연 부동산이 어떻게 될까'이다. 결혼, 임신, 출산, 육아 이렇게 인생의 한 단계 한 단계 밟아나가며 무리해서라도 집을 사야 하는 건 아닌지, 있는 돈 없는 돈 다 끌어다 집을 샀는데 갑자기 집값이 하락하는 것은 아닌지, 고민이 되어 밤잠을 설친다.

나는 결혼 6년차 "증권사에서 십 년 넘게 몸담아온 경제 전문 워킹맘"

두 아들내미를 키우고 있는 기쎈 엄마. 맞벌이로 인해 생활이 쪼들리지는 않았지만 주머니에 구멍이 뚫렸는지 돈이 줄줄 새는 건나 또한 마찬가지다. 내가 결혼하던 해인 2010년은 한국 부동산이 처음으로 '뚝' 부러진 직후였다. 돈에 여유 있는 사람들도 그 당시에는 전세로 시작하는 것이 당연한 분위기였다. 어차피 집 살 돈도 없었지만, 나도 그 분위기에 편승해 작은 전세로 당당하게 출발했다.

5년 후인 지금,
나는 돈을 많이 모았을까?

결혼할 때 예상했던 것보다 훨씬, 아주 아주 훨씬 적은 돈을 모았다. 아니, 더 정확하게는 훨씬 적은 빚을 갚았다고 해야 맞는 표현일 것이다. 애꿎은 통장만 노려볼 뿐이다. 게다가 첫째가 5살이 되니 초등학교를 염두에 두며 주거지를 골라야 하는 시기, 즉 정착해야 하는 때가 온 것이다. 무엇보다 우리 동네 전셋값은 하늘 높은 줄 모르고 폭등했고 주변을 돌아보니 같이 전세로 시작했던 동료들은 이미 집을 샀더라. 배 아프진 않았지만 불안감이 엄습했다.

그래서 나 또한 '전망'이 궁금하다.
지금 당장 전세금을 올려줘야 하는 내게 거창한 장기전망이나 집값이 이렇게 되어야만 한다라는 당위성은 와 닿지 않는다. 차가운 현실 앞에서는 실질적인 해결책이 우선이다.

그렇기 때문에 이 책의 초점은

"집을 과연 사야 하는가."

"사야 한다면 언제 사야 가장 위험을 줄일 수 있는가."

에 있다.

나와 같은 고민을 하는 사람들을 위한 이야기이다.

부동산으로 떼돈을 벌 수 있다는 희망보다는, 전 재산을 모두 털어 집을 샀는데 집값이 빠져서는 '절대' 안 되는 사람들을 위한 분석을 담아 보았다.

사실 나는 부동산에 비관적인 사람 중 하나였다.

집값이 수십 억을 호가하는 좋은 동네에 대한 반감도 있었고, 장기 불황을 맞이한 일본의 케이스를 보며 집 따위는 사지 않는 것이 낫겠다는 막연한 생각을 하며 살아왔다.

하지만 정작 내가 살고 있는 집이 1년 만에 전셋값으로 1억이 오르고 나니(아직 만기일은 1년 정도 남았지만 가시방석도 이런 가시방석이 없다) 좀 더 냉정한 판단이 절실해졌다.

수집할 수 있는 최대한 많은 데이터를 분석하고 고민해 본 결과 두 가지 결론을 내렸다.

첫째, 집을 사야 한다는 것!

① 집값, 특히 명목 가격이 빠지는 일은 드물다.

가까이는 일본, 멀리는 미국의 부동산 가격이 폭락했던 경험은 '부동산을 사는 사람이야말로 바보'라는 생각이 들게 한다. 특히 최근 언론 기사들과 출판되는 책들을 보면 한국이 일본처럼 될 수 있다는 우려가 걱정이 아닌 기정사실화되고 있는 분위기다.

한국도 정말 부동산 가격이 반 토막 넘게 하락하게 될까?

떨리는 마음으로 전 세계 부동산 데이터들을 닥치는 대로 모아 보았다.

집값, 특히 명목 가격이 하락하는 일은 정말 드물다는 것이 실제 데이터를 분석한 나의 결론이다. 뒤집어 말하자면, 부동산은 지금도 충분히 비싸지만 이 가격에 살 수 있는 날이 다시 오지 않을 수도 있다는 의미이다. 물론 물가를 감안한 실질 부동산 가격은 하락할 수도 있다. 하지만 투자수익률 관점에서의 실질 가격은 집 한 채 장만하기 어려운 사람들에게 크게 와 닿지 않는다. 부동산의 명목, 즉 실제 금액으로 표시되는 가격이 전체적으로 폭락하는 경우는 정말 드물다는 것이다.

② 월세, 빠르게 치고 들어온다.

부동산 가격 자체의 전망보다, 집을 사야 한다고 생각하게 만든 이유는 바로 월세다. 몇 년 전까지만 해도 듣보잡이었던 반전세, 대학생이나 저소득층에게만 해당되는 것이었던 월세가 보편적인 임대문화로 빠르게 치고 들어오고 있기 때문이다. 강남권과 마포 지역은 교통도 좋고 수요도 많아 월세가 거래 되는구나 싶었고, 보증금과 월세 모두 어마어마한 수준의 반전세를 보며 돈 많은 사람이 참 많구나 싶었다.

하지만 요즘 두드러진 현상은 중심지뿐만 아니라 서울 외곽의 주거지에서도 월세가 많아졌다는 것이다. 서울 아파트에서 월세가 절반 정도 차지한다는 신문기사도 눈에 띈다. '전세'라는 제도 자체는 오랫동안 계속되겠지만 월세 침투 속도는 생각보다 매우 빠르다. 미국, 유럽, 일본 등 선진국 도시의 경우 월급의 1/3 혹은 절반까지도 월세로 내고 산다. 집을 사고 안 사고는 개인 형편상의 문제와 주관에 따라 다르지만, 집을 사지 않는다면 오히려 더 많은 비용을 주거비로 지불해야 하는 위험을 감수하게 될 것이다.

나는 부동산 싸게 사기로 했다

둘째, 사야 한다면 쌀 때 살 것!

질 좋고 가격도 저렴한 것이 내 것이었던 적이 별로 없었지만, 기준점만 잘 잡는다면 집값이 가장 비싼 시기에 내 집을 지르는 일은 피할 수 있다. 그래서 '쌀 때 집 사는 전략'이 필요하다. 이 책을 통해 '쌀 때 집 사는 전략'에 대한 나의 고민 결과를 공유하고자 한다.

금리, 정책, 유동성, 경기, 수요, 공급 등 부동산 가격에 미치는 요인은 많다. 인구 절벽이다, 금리 폭등이다 등등 여러 우려들이 쏟아져 나오고 있지만 그 중에서 가장 중요한 것을 콕 짚어내는 능력이 필요하다. 이는 우리가 첫 번째로 해야 할 일이자 가장 중요한 일이다.

자, 그렇다면 우리가 계속해서 주목해야 할 요소는 무엇일까?

인구나 금리보다는
'공급'이다.

금리는 상당 기간 낮은 수준에,
정책은 부동산을 살리기 위한 강도를 높이는 쪽으로,
수요는 2~3년 내에 큰 변화를 보이지 않을 것이기 때문이다.

쉽게 말해 향후 2~3년간 부동산 시장의 파도를 만드는 요소는 '공급'이다. 공급 분석이 '부동산 가격이 싸지는 시기'를 예견해줄 것이란 의미이다. 공급이 많이 풀리는 시기, 매물이 제일 없는 시기를 분석할 수만 있다면 적어도 고점에서 매매계약서에 도장을 찍는 일은 피할 수 있다.

집,
당신도 살 수 있다.
그것도 싸게!

여러 부동산 서적들이 충고해 주는 바와 같이 주말마다 발품을 파는 일은 꼭 필요하지만, 사실 엄두가 나지 않는다. 두 갓난애를 데리고 집 앞 공원에 가는 것도 버거운 게 나의 현실 아닌가?

그래서 내가 선택한 현실적인 답은 '몇 가지 데이터를 가지고 큰 흐름을 예상하기'이다. 숫자가 매번 옳지는 않지만, 데이터가 가진 가장 큰 장점은 냉정하다는 것이다. 주식도 마찬가지지만 부동산은 정말 냉정하기 어렵다. 부동산을 다녀보고 은행 대출창구에 다녀본 사람들은 공감할 것이다. 부동산만큼 냉정하기 어려운 일도 없고 이내 곧 팔랑귀가 돼버리고 마는 일도 없다는 사실을……

우리는 숫자를 보고 냉정하고 또 냉정하게 판단해 보자.

오랜 기간 살고 싶은 동네가 급등하지 않았다면,
고정금리 대출상품을 활용해서 지금이라도 사는 것도 나쁘지 않다.
하지만 최근 부동산 가격 추이를 보면 그런 동네는 많지 않은 듯 싶다.
한 번 더 전세를 감당할 수 있다면 일단은 전세를 연장하고 2017~2018년을 노려 보자. 공급이 부족해서 가격이 밀려 올라가는 현 흐름은 2017년부터 전환될 것이다. 그동안 쏟아진 분양 물량에 실제 입주가 시작되는 시점이 2017년이기 때문이다.

가격이 오르고 공급이 늘어나는 시기에는 오히려 집 사기를 피해야 하는 시기이며,
부동산 가격 상승률이 둔화 혹은 하락하며 공급이 줄어드는 시기에는 오히려 눈 여겨 봐뒀던 집을 사야 하는 시기이다. '분양 프리미엄'이 뉴스에 나온다면 부동산을 오히려 외면하는 전략을, '미분양'이라는 단어가 나올 때는 다시 부동산을 적극적으로 알아보는 전략을 세우자.

수요와 공급이 엇박자를 내는 순간이 집을 싸게 살 타이밍이다.

목차

Chapter 01.

집,
그 까짓 거 사야 하나?

Chapter 02.

집,
사야 한다 그것도 싸게!

Chapter 03.

2020 부동산 가격
장기 전망

01

집,
그 까짓 거 사야 하나?

전세 제도는 한국이 유일하다.

앞으로는 월세가 빠르게 치고 들어올 것이다.

집, 사야 한다!

01

주택 가격 폭락,
희귀한 사례에
집착하지 말자

집값
빠질 것 같지 ?

집값이 빠지는
경우는 드물다

집을 가지고 있는 사람 혹은 집을 사려고 고민하는 사람들에게 가장 큰 두려움은 무엇일까.

두말 할 것도 없이 '부동산 가격 하락'이다.

빚까지 내서 집을 샀는데 가까운 일본처럼 부동산 가격이 폭락한다면? 그건 정말 상상하기도 싫다.

부동산에 조금이라도 관심이 있는 사람들이라면, 다음의 두 가지 예를 한 번쯤은 들어본 적이 있을 것이다. 단순히 '사례'라고 하기에는 오싹하기까지 한 이웃나라의 부동산 폭락 경험은 많은 사람들에게 트라우마 같은 존재가 되어 버렸다.

트라우마 1. 우리나라와 밀접한 관계가 있는 이웃나라 일본이 부
　　　　　동산發 거품 붕괴로 20년에 가까운 장기 불황을 겪
　　　　　고 있다.
트라우마 2. 아직도 온전히 회복하지 못한 2008년 세계경기침체
　　　　　역시 미국 부동산 붕괴가 그 시작이었다.

세계 강대국들도 부동산에 호되게 당한 경험이 있다. 눈부신 성
장을 보여줬던 일본의 부동산 폭락과 장기 침체 사례는 다시 말할
것도 없고, 지난 2008년 미국 부동산에서 비롯된 세계경기침체는
아직까지 세계 경제를 힘들게 하고 있을 정도다.

한국은 그동안 눈부신 성장을 이루며 달려왔다. 하지만 최근 한
국의 경제는 너무나도 어렵다. 마이너스 수출, 청년 실업, 구조조정,
가계부채 등 무시무시한 단어들이 우리를 괴롭히고 있는 것도 사
실이다. 제 아무리 유례없는 성장가도를 달려온 한국도 부동산發
경기침체는 피해가기 어려울 것이란 걱정을 하게 만든다.

게다가 그동안 재산 형성의 든든한 지원군이었던 한국 부동산
에 이상 신호가 감지되었다. 불패신화라는 별명을 얻었던 한국의
부동산 역시 '하우스 푸어', '렌트 푸어' 등의 불명예스러운 별명이

일찍이 추가됐다. 내 집 마련의 부푼 꿈 대신 어떻게 전세금을 마련할 것인가를 고민하게 하고, 결혼과 출산을 포기하는 사람들도 늘어나고 있는 세대가 아니던가. 이쯤 되면 부동산 가격이 상승하기를 기대하기보다는 오히려 폭락에 대한 두려움이 커지게 되는 것이다.

정말 한국도 집값이 폭락할까?
길고 짧은 건 대봐야 안다

하지만 '한국 부동산이 정말 일본이나 미국처럼 폭락할까'는 따져봐야 하는 문제다. 부동산 가격의 대폭 상승까지는 기대할 수 없다 하더라도 폭락할 가능성은 매우 적다는 것이 나의 위험한(?) 결론이다.

우리가 해야 하는 첫 번째 일은 주식과 부동산이 근본적으로 다름을 짚어내는 것이다.

몇 해 동안 글로벌 증시는 널뛰기와도 같은 흐름을 보였다. 지난 2008년 세계경기침체는 1930년대 대공황 이후 가장 큰 침체였다는 평가를 받았으며, 글로벌 주가 역시 50%에 가까운 하락을 기록했다. 최근 2,000포인트 내외였던 KOSPI종합지수 역시 당시에는 900포인트를 하회하기도 했으니, 당시의 공포는 그야말로 대단했다. 이렇듯 주식은 10,000원으로 그리고 다시 1,000원 이하로 롤러코스터를 타는 일이 비일비재하다. 가지고 있던 주식이 1/10이 되는 일은 상상하기도 싫다.

< 국가별 부동산 가격 및 소득 비교 >

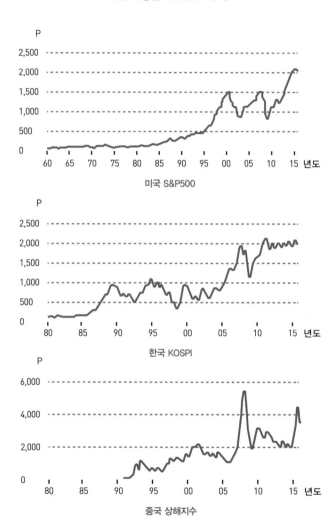

미국 S&P500

한국 KOSPI

중국 상해지수

자료: Bloomberg

앞의 데이터와 같이 주식은 5년 만에 3배도 되었다가 1년 만에 절반으로 뚝 떨어지기도 한다. 이처럼 변화무쌍한 주식의 변동은 미국도, 한국도, 중국도 마찬가지이다.

부동산 가격도 그럴까?

한국을 포함해 수집할 수 있는 모든 국가의 부동산 가격[1]을 모아놓고 보면 주식과 부동산은 근본적으로 성격이 다르다.

주식에 비한다면 부동산은 끈기가 있다. 주식처럼 반 토막이 나는 경우는 거의 없는데다가 전 세계 부동산 가격을 펼쳐놓고 보면 하락하는 모습을 발견하는 일은 매우 드물다는 것을 알 수 있다. 오히려 꾸준히 상승하는 경우가 대부분인 것이 눈으로 확인된다.

레버리지 효과(빚테크)를 제외한다면 투자자 입장에서 부동산은 그야말로 지루한 투자 대상일지도 모른다.

----

1) BIS(세계결제은행)에서는 친절하게도 세계 각국의 부동산 가격을 모아서 발표하고 있다. 이 책에 쓰인 국가별 부동산 가격 역시 BIS 사이트를 주로 참고했다.

나는 부동산 싸게 사기로 했다

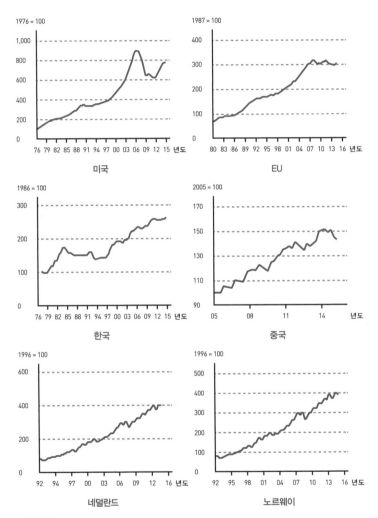

< 부동산은 대부분 꾸준하다 >

미국

EU

한국

중국

네덜란드

노르웨이

자료: BIS

걱정 말고
집에 투자하라

노령화와 저성장이 반드시 부동산
가격 폭락으로 이어지지는 않는다

"이성의 비관주의, 의지의 낙관주의."

이탈리아의 철학자 안토니오 그람시^{Antonio Gramsci · 1891.01.22~1937.04.27}가 남긴
말이다. 동시에 내 인생의 격언이기도 하다. 다시 말하자면 '판단은
냉정하게, 마음은 따뜻하게' 정도가 되지 않을까 싶다. 소소한 푼돈
으로 주식에 투자하면서, 밥벌이로 경제를 분석하면서 가장 빠지
기 쉬운 함정이 '판단은 대충, 마음은 시니컬하게'였다. 냉정한 판단
을 하기가 말처럼 쉽지는 않다. 그래서 무기가 필요하다. 올바른 판
단을 하기 위해 내가 장착한 무기는 '데이터'다. 데이터가 모든 것을
말해주지는 않지만 편견이 없으며 나보다 훨씬 객관적이다.

부동산 가격 하락이 흔한 사례가 아니라 하더라도 '한국 부동산
가격은 다를 수 있다'는 의구심은 사라지지 않는다. 언론에서는 연

나는 부동산 싸게 사기로 했다

일 '일본식 장기불황', '디플레[2]' 등 무시무시한 단어들이 오르내리고 있지 않은가. 어느새 한국의 경기 또한 장기 불황을 경험한 일본처럼 장기 침체를 피할 수 없을 거라는 우려가 기정사실처럼 되어 버렸다. 다시 차근차근 생각해 보자. 정말 그럴까?

냉정한 데이터를 통해 부동산에 대한 세 가지 통념을 다시 파헤쳐 볼 것이다.

통념 1
한국의 부동산, 비싸지 않다?

부동산과 버블이 마치 한 세트처럼 느껴질 정도로, 한국의 부동산은 비싸게 느껴진다. 당연하게 받아들였던 사실이지만 다시 한번 살펴보자.

한국 부동산은 정말 비싼 것일까? 결론부터 말하자면, 한국의 부동산은 비싸지 않다. 일단 내 주머니 사정과 비교하지 말고 한국 경제 전체의 소득, 물가 등과 비교해 보도록 하자. 대부분 펀더멘털

----
2) 디플레이션(Deflation)은 물가 하락을 의미한다. 물가 하락을 경험해 보지 못한 우리로서는 상상하기 어려운 일일지도 모른다. 1990년 이후 25년간 한국 물가지수가 150% 이상 오르는 동안 일본 물가지수는 11%밖에 오르지 않았다.

(fundamental)[3]보다 빠르게 올라버린 부동산은 하락을 피하기가 어렵고, 그 결과 경기 침체로 이어진다.

한국도 그럴까? 결론부터 말하자면 한국의 부동산은 물가 추이를 아주 충실하게 따라가고 있으며 평균 소득 데이터는 부동산 가격보다 더 빠른 상승 추세를 보이고 있다. 개개인의 입장에서 볼 때는 부동산 가격이 '억'소리 나게 비싸지만, 데이터를 냉정히 분석해 보면 오히려 저평가되었다는 평가도 가능한 것이다.

통념 2
산이 높아야 골도 깊은 법
폭락할 만큼 오르지 않았다?

한국 부동산이 비싸지 않다는 말은 황당하게 들릴 수 있다. 그렇다면 다른 국가들과 비교했을 때 한국 부동산이 오히려 '못' 오른 국가라는 사실은 어떤가? 가까이 일본만 해도 부동산 가격은 10년이 채 되지도 않는 기간 동안 5배가 올랐다. 그에 비해 한국 부동산의 전국 평균 가격의 10년간 상승 폭은 두 배에 채 미치지 못한다. 일본뿐 아니라 다른 국가들과 비교해 봐도 한국 부동산의

---

3) 물가, 소득 등 경제의 기본 체력을 나타내는 지표.

나는 부동산 싸게 사기로 했다

상승 폭은 명함도 못 내미는 수준이다. 산이 높아야 골도 깊다. 한국은 부동산 가격이 '덜' 오른 국가 중 하나이며, 하락은 가능하지만 폭락은 하지 않는다.

통념 3
부동산 가격, 인구 따라 내려간다?

부동산 비관론의 중심에는 '인구 절벽'이 버티고 서 있다. 한국의 젊은 층이 빠르게 감소하고, 일본과 같이 고령층의 비율이 빠르게 올라가는 것은 사실이다. 하지만 인구 절벽 공포에도 한 가지 짚어볼 부분은 있다.

부동산은 반드시 인구를 따라가야 하는 것일까?

일본과 이탈리아는 모두 인구 절벽을 경험했음에도, 일본의 부동산 가격이 폭락하는 데 반해 이탈리아의 부동산 가격은 오히려 크게 올랐다. 프랑스, 독일 등에서도 노령화와 부동산 가격 상승이 동시에 나타나는 사례가 공통적으로 발견된다. 즉, 인구 절벽과 고령화가 부동산 가격을 좌우하는 절대적 요인은 아닌 것이다.

한국의 부동산
비싸지 않다?

"기업 이익과 주가는 주인과 개와 같다"

세계적인 투자가 앙드레 코스톨라니Andre Kostolany·1906.02.09~1999.09.14는 기업 이익과 주가를 '주인과 개'로 비유했다. 산책 나간 주인과 개를 생각해 보자. 개는 줄의 길이에 따라 주인을 앞서기도, 뒤서기도, 나란히 가기도 하지만, 결국은 주인의 곁으로 돌아올 수밖에 없다. 주가 역시 기업 이익을 뛰어넘는 상승을 기록하기도 하고 하락을 경험하기도 하지만, 결국은 펀더멘털로 돌아올 수밖에 없다는 것이 그의 지론이다. 그는 당연해 보이는 이 사실을 원칙으로 고수하며 위대한 투자가 대열에 이름을 올렸다.

'한국 부동산'이라는 개는 '한국 경제의 기초체력'이라는 주인을 앞서 있을까, 아니면 오히려 뒤처져 있을까?

"한국의 부동산은 과연 비싼 걸까?"

어느 날 옆자리에 앉은 직장동료가 뜬금없이 물었다. 이런 질문을 접한 대부분의 사람들은 '돈이 많아서 천하태평한 소리 하는구나'라고 생각할 것이다. 그 정도로 많은 이들에게 한국의 집값은 터무니없이 비싸게 느껴진다.

부동산 하면 덩달아 연상되는 단어는 버블. 대부분의 사람들은 한국 부동산에 엄청난 버블이 있을 거라고 생각하곤 한다. 일반 월급쟁이에게 부동산, 특히 서울 부동산은 숨만 쉬고 월급을 모아도 살 수 없는 존재가 되어버렸기 때문이다.

하지만 '비싸다'와 '버블이 있다'를 구별해 보자. 부동산 가격이 정말 한국의 경제 기초체력(펀더멘털)에 비해 버블이 많이 끼어 있는지 냉정하게 판단하는 작업이 필요하다. 버블이 있는지를 가려내는 일이 중요한 이유는, 버블이 있다면(게다가 많다면) 작은 경제 충격에도 가격이 폭락할 수 있지만, 버블이 없다면(혹은 적다면) 웬만한 경제 충격에도 가격은 많이 하락하지 않기 때문이다. 우량한 기업의 주가라면 폭락장에서도 선방하지만, 소문에 오른 주식이라면 인정사정 없이 하락하는 것과 마찬가지다.

부동산 가격이 한국의 경제 기초체력에 비해 버블이 많이 끼어 있는지 냉정하게 판단하는 작업이 가장 중요하다. 버블이 많았다면 이 책의 제목은 '집 절대 사지 마라'가 되었을지도 모른다.

한국의 부동산?
비싸지 않다!

나는 과감하게 주장할 수 있다.
한국의 부동산 버블은 많지 않다.

위험하고도 무모한 주장으로 들릴 수 있다.
자, 차근차근 짚어 보자.

위에서 말한 바와 같이 '가격이 적정한지? 버블이 있는지? 저평가되었는지?'는 경제 기초체력을 나타내는 지표들과 해당 자산 가격을 비교해 보면 가늠할 수 있다. 다음의 그래프가 우리의 이해를 도와줄 것이다. 가령 물가 추이보다 부동산 가격 추이가 위에 있다면 한국 부동산에는 버블이 많은 것, 즉 고평가되어 있는 것이다. 반대로 물가 추이보다 부동산 가격 추이가 아래에 있다면 부동산 가격은 저평가, 즉 부동산 가격이 물가보다 싸다고 판단할 수 있는 것이다. 결론부터 말하자면 소득, 경제 규모, 물가 등과 비교했을 때 한국의 부동산 가격에는 버블이 거의 없다는 것!

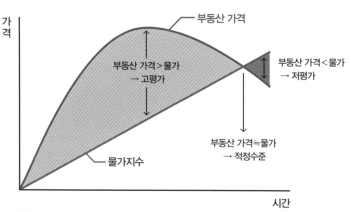

< 버블을 구별하는 방법 >

물가나 소득 대비 부동산 가격 상승세가 빠르다 → 버블이 있다

물가나 소득 대비 부동산 가격 상승세가 비슷하다 → 적정하다

물가나 소득 대비 부동산 가격 상승세가 느리다 → 저평가되었다

한국의 부동산은 물가 상승 경로와
비슷한 수준으로 움직여 왔다

한국의 부동산 가격을 물가, 소득과 비교해 보고 난 뒤 '한국 부동산 가격이 매우 비싸다는 통념은 틀렸다'는 결론을 내릴 수 있었

다. 내 주머니 사정을 감안한다면 집주인의 벽은 여전히 높지만, 한국 경제의 기초체력과 비교한다면 야속하게도 한국 부동산 가격은 비싸지 않다는 점!

'냉정한' 데이터의 힘을 빌려 보면, 부동산 가격이 통계로서 발표되기 시작한 1986년 이후 부동산 가격은 물가 상승세(CPI: consumer price index·소비자물가지수)와 비슷한 움직임을 보이고 있다. 말했듯이 부동산 가격이 물가 경로에서 벗어나지 않았다는 것은 버블이 거의 없음을 의미한다. 이는 부동산 폭락의 사례로 많이 알려진 일본이나 미국의 사례와는 뚜렷하게 대비되는 대목이다.

일본과 미국의 경우, 부동산 가격이 물가나 소득 등과 같은 펀더멘털에 비해 큰 폭으로 상승한 것이 나중에 문제를 일으켰다. 경기도 좋고 소비도 좋았기 때문에 부동산 가격이 상승했고, 부동산 가격 상승은 다시 소비, 투자 확대로 이어지면서 경기를 더 좋게 만들었을 것이다. 누이 좋고 매부 좋은 것처럼 보였겠지만, 실은 버블이 점점 쌓이고 있었던 것이다. 물가나 소득 대비 크게 치솟은 부동산 가격은 상승세가 5년 넘게도 지속될 수 있다. 하지만 주인 옆으로 돌아올 수밖에 없는 개처럼, 물가나 소득 대비 벌어진 부동산 가격의 상승세는 영원할 수 없다.

국내적 문제에 의해서든 대외 충격에 의해서든, 버블이 누적된 부동산은 언젠가 가격이 하락 반전하게 된다. 이미 버블이 생겼기 때문에, 즉 투기적인 수요가 상당 부분 이미 가세했기 때문에 하락은 점차 폭을 키우고 투매 양상도 나타난다. 부동산 가격의 유의미한 하락은 전체 경기침체로 귀결되는 것이 대부분이다. 이때의 경기침체는 정말로 혹독하다. 부동산이 전체 경기에 미치는 영향력은 상상할 수 없을 만큼 막대하기 때문이다.

데이터로 보면 한국, 일본, 미국의 차이는 더더욱 확실해진다. 오른쪽의 데이터에서 보여지는 바와 같이 일본과 미국 모두 부동산 가격이 물가 경로에서 벗어난

< 한국은 일본, 미국과 다르다 >

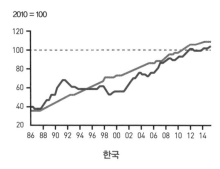

한국

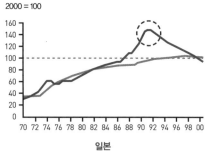

일본

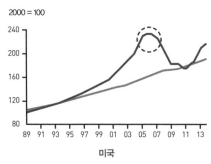

미국

— 부동산 가격
— CIP(소비자 물가지수)

자료: 통계청, Bloomberg
주: 부동산 가격과 CPI는 일정 시점을 100으로 지수화하며 상승 수준을 비교할 수 있게 했다.

후 경기침체를 맞이하면서 제자리로 돌아왔다. 하지만 한국은 어떠한가? 일본이나 미국과 비교한다면 한국 부동산 가격은 물가 경로를 충실히 따라가고 있는 모범생의 모습을 보이고 있다. 이렇게 물가 추세와 함께 가는 부동산 가격을 보고도 버블이 많다고 얘기할 수 있을까?

여기서 한 가지 의문이 들 수 있다. 기억 속의 부동산 가격 특히 서울, 그 중에서도 강남 지역의 부동산 가격은 수 년 동안 몇 배가 뛰지 않았는가. 그런데 물가 경로를 따라가고 있다니, 말이 안 되지 않느냐고 항의할 몇몇 분들이 있을 것 같다. 하지만 상승세가 어마어마한 수준이라 할지라도 강남 지역이 전체 한국 부동산을 대표하지는 않는다. 나 역시 강남 지역의 부동산 가격이 너무 비싸다고 생각하지만 경기침체나 불황을 논하려면 한국의 전체 부동산 가격을 대상으로 해야 한다. 한국의 전체 부동산 가격은 물가 상승 경로에서 벗어나지 않았으므로 버블이 있다고 보기는 어렵다. 데이터만 본다면 한국 부동산은 오히려 저평가되었다는 판단까지 가능할지도 모르겠다.

"한국 부동산이 예전부터 비싸진 않았을까요?"

1986년부터 한국의 부동산 가격 통계가 발표되었다. 물론 1986년 이후 비교한 물가와 부동산 가격만을 가지고 버블을 판단할 수 있을까 하는 의구심이 들 수 있다.

'그 전부터 한국 부동산이 비쌌고, 통계로만 보면 물가 추세와 비슷하게 가는 것처럼 보이지 않을까' 하는 질문이 가능한 것이다.

1986년 이후 30년이 흘렀다.

펀더멘털 대비 버블이 낀 가격 흐름이 상당 기간 지속될 수 있다 하더라도 30년간 버블이 유지될 수는 없을 것이다. 게다가 한국의 경우 나라가 망한다고 걱정했던 1997년 외환위기를 겪었고, 결과적으로 IMF 구제금융도 받지 않았던가. 만약 이전부터 한국 부동산이 비쌌다면 1997년에 한국 부동산 가격은 앞에서 본 데이터상에서 보여지는 하락 정도로는 그치지 않았을 것이다.

모든 가능성을 '0'으로 놓을 순 없다. 그럼에도 불구하고, 통계가 발표된 지 이미 30년이 흘렀다. 30년 동안 기초체력 대비 비싼 부동산 가격이 지속되었다고 보기는 어렵다. 아울러 외환위기 이후 부동산이 다시 상승세로 돌아섰다는 사실을 감안하면 한국 부동산이 이전부터 소득이나 물가 대비 크게 비쌌을 거라고 생각하긴 어렵다.

나라 전체의 소득을 봐도,
근로자 평균임금과 비교해도,
한국 부동산 버블은 크지 않다.

물가뿐 아니라 소득으로 보아도 한국 부동산의 버블은 크지 않다는 것이 재확인된다. 믿기 어렵겠지만 한국은 부동산 가격보다 소득이 계속해서 빠르게 올라가고 있다. 처음에는 나조차도 공감하기 어려웠던 데이터였다. 청년 실업이란 것도 더 이상 새로울 것 없는 시대가 되어버렸고 연봉협상에서도 동결 혹은 삭감이 비일비재한 일이 되었는데 '부동산 가격 상승세보다 소득 상승세가 더 빠르다'라니?

부동산 가격 지수 자체가 실제 부동산 가격을 반영하지 못할 가능성 그리고 한국이 벌어들이는 전체 이익이 제대로 분배되고 있지 않다는 양극화 문제는 여전히 마음에 걸리는 부분이다. 하지만 부동산 지수의 작성 문제와 양극화 문제는 한국만의 문젯거리가 아니다. 한국의 통계 시스템은 일본과 미국에 비해 오히려 잘되어 있는 편이다. 경제 분석을 밥벌이로 하며 별별 나라의 통계를 뒤지는 데 많은 시간을 쏟은 이후 한국의 통계는 다양하게, 참으로 잘 정리되어 있음을 알 수 있었다. 아울러 양극화 역시 세계 공통의 문제이다. 중산층이 가장 강한 것으로 알려져 있는 미국 역시 '상류층이 벌어들이는 소득'이 '중산층이 벌어들이는 소득'을 넘어섰으며, 이는 이번 미국 대선의 핫이슈로 떠올랐다. '월가를 점령하라' 역시 극소수의 부자들이 거의 모든 자산을 소유하는 현상에 대한 분노의 표시였음을 상기해

보자. 부동산 가격 지수 작성 및 양극화, 이 두 가지 문제를 고려한다
고 해도 '한국 부동산 버블은 크지 않다'는 생각에는 변함이 없다.

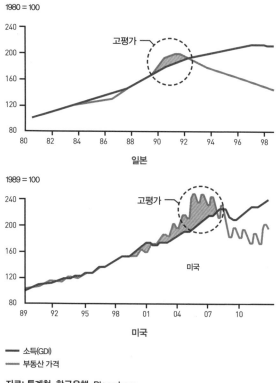

< 국가별 부동산 가격 및 소득 비교 >

자료: 통계청, 한국은행, Bloomberg
주: GDI(Gross Domestic Income)으로 소득 추이를 나타냄

일본과 미국의 소득과 부동산 가격을 비교해 보면 두 국가 모두 부
동산 가격 상승이 소득 상승세를 넘어섰음이 직접 눈으로 확인된다.

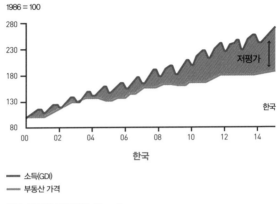

< 한국은 소득 증가가 부동산 가격 상승세보다 빠르다 >

1986 = 100

저평가

한국

한국

—— 소득(GDI)
—— 부동산 가격

자료: 통계청, 한국은행, Bloomberg

이에 반해 한국은 부동산 가격보다 소득 상승세가 계속해서 빠르게 증가하고 있어 일본과 미국과는 상반된 모습을 보여주고 있다.

이후 부동산 가격 상승의 결과는 어떠했는가?

이미 알려진 대로 일본과 미국은 부동산 가격의 폭락과 전체 경기 침체를 겪는다. 한국 역시 경제 성장세가 예전만치 못하다. 하지만 일본과 미국과는 상반된 부동산 가격 추이를 봤을 때 한국 경기의 성장 탄력이 둔화되는 것과 급격하게 불황으로 빠지는 것은 명확하게 구분되는 일이라고 생각한다.

나는 부동산 싸게 사기로 했다

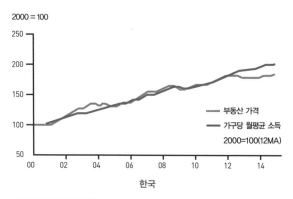

< 한국의 평균 임금 추세 및 부동산 가격 비교 >

2000 = 100

자료: 통계청, 한국은행

GDI[4] 대신 근로자 평균 임금으로 통계화한 자료를 살펴보았다. 아무래도 부동산 가격 상승보다 소득 증가가 더 빠르다는 데이터가 와닿지 않았기 때문이다. 하지만 근로자 평균 임금으로 본 결과도 크게 다르지 않았다.

근로자 평균 임금 상승세와 부동산 가격 상승세는 위 데이터와 같이 비슷한 추이로 증가하고 있다.

한국의 부동산 버블,

크지 않다.

----

4) Gross Domestic Income. 기업과 가계가 벌어들이는 소득의 총합.

한국은 부동산이
덜 오른 국가 중 하나?

산이 높아야 골도 깊은 법

하나의 원칙을 기억하도록 하자.

"상승 폭이 커야 하락 폭도 크다."

산이 높아야 골도 깊은 법이라 하지 않았던가. 한국의 부동산은
얼마나 올랐을까? 대부분의 사람들은 한국의 부동산 가격이 어마
어마하게 올랐을 거란 생각을 할 것 같다. 나 또한 데이터를 보기
전까지 그렇게 생각했으니까 말이다.

지금은 한국 성장률이 3%를 넘어서기 힘든 상태가 되었지만
1980년대 이후 한국의 성장률은 평균 5%를 훌쩍 뛰어 넘는다.
1980년대 이후 미국과 유럽 지역의 평균 성장률이 2~3% 내외에

그치는 걸 감안한다면, 한국은 선진국 대비 두 배 정도는 빠른 성장을 기록한 셈이다. 그렇다면 '더 빠른 성장세를 보였던 한국 부동산 가격이 더 많이 오르지 않았을까'라는 막연한 추측을 해 볼 수 있다.

실제로 그럴까?

무기로 장착한 데이터로 실제 흐름을 비교해 보자.

< 국가별 부동산 가격 상승 폭 비교 >

10배 혹은 그 이상의 상승을 기록한 국가

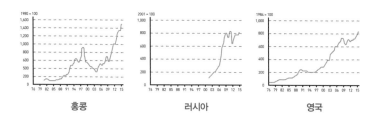

| 홍콩 | 러시아 | 영국 |

3~5배 내외의 상승을 기록한 국가

| EU | 노르웨이 | 네덜란드 |

2~3배 이하의 상승을 기록한 국가

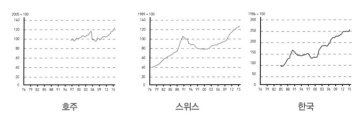

호주　　　　　　　스위스　　　　　　한국

자료: BIS

하지만 실제 결과는 반대다.

다른 국가와 비교해 보면 한국 부동산은 화끈하지 못했다. 오히려 한국의 부동산은 다른 국가와 비교할 경우 오히려 매우 안정적인 가격 추이를 보이는 그룹에 속한다. 홍콩, 러시아, 영국이 2~30년 동안 10배 혹은 그 이상의 부동산 가격 상승을 기록했으며 유럽 국가들은 3~5배 내외로 가격이 뛰었다. 호주, 스위스, 한국은 2~3배 이하의 가격 상승에 머무르는 초라한 성적표를 받는 데 그쳤다.

'강남 아파트 값이 얼마가 올랐는데?'라는 생각은 잠시 접어두자. 한국과 비교한 국가들 역시 전국 부동산 가격을 기준으로 한 것이며, 도심지의 부동산 가격은 서울과 마찬가지로 위에서 말한 상승폭의 몇 배에 달하는 폭으로 올랐기 때문이다. 대도시의 부동산

　　　　　　　　　　　　　　　　　나는 부동산 싸게 사기로 했다

가격이 지방 부동산에 비해 큰 폭으로 상승한 현상은 대부분 국가의 공통 사항이며, 수도권에 전체 인구의 1/3 가까이가 몰려 있는 한국의 지역별 부동산 편차는 더더욱 심한 편이다.

부동산 가격 상승기의 일본,
이런 게 진짜 버블이다!

20여 년간 불황을 겪고 있는 일본은 어땠을까? 혹시 부동산 가격이 한국처럼 별로 오르지도 않았는데, 폭삭 하락하게 된 것은 아니었을까?

오히려 일본은 세계 주요 국가 중 부동산이 단기간 내에 가장 빠르게 올랐던 국가에 속한다. 일본의 부동산은 7~8년이라는 짧은 시간 동안 무려 5배의 상승세를 기록했다. 전국 부동산 가격 상승세가 이 정도면 도쿄 중심가의 집값은 열 배 넘게 오른 곳도 태반이었을 것이다. 일본 전체가 그야말로 부동산 광풍이었던 것이다.

일본에 비해 한국 부동산이 얼마나 안정적으로 움직였는지는 다음의 데이터를 보면 확실해진다. 국민소득 1만 불 돌파 이후

의 부동산 가격을 보면 한국 부동산 가격 상승세는 일본에 비해
새 발의 피다. 일본은 1983년 1인당 GDP가 1만 불을 돌파한 이후
1987년 2만 불 돌파, 1995년에는 4.2만 불까지 치솟는다. 경제 성
장이 급속도로 이뤄진 셈이다. 전체 경제가 호황을 맞는 사이 부동
산 가격은 5배 상승했다.

< 국민소득 1만 불 돌파 이후 한국과 일본의 부동산 가격 비교 >

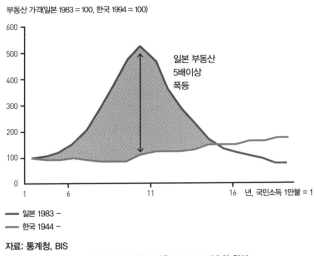

부동산 가격(일본 1983 = 100, 한국 1994 = 100)

일본 부동산
5배이상
폭등

일본 1983 -
한국 1944 -

자료: 통계청, BIS
주: 국민소득 1만불 도달시점의 부동산 가격을 100으로 지수화 한것

한국의 1인당 GDP는 1994년 1만 불 돌파 이후 2006년 2만 불
돌파, 2014년 2.8만 불에 이르렀다. 한국도 20년 만에 1인당 GDP
가 거의 3배 가까이로 성장한 셈이다. 일본 1인당 GDP가 3배 가까

나는 부동산 싸게 사기로 했다

이 되는 사이 일본 부동산은 3배 이상으로 상승하는 기염을 토했다. 이와 비교하면 한국의 부동산 가격은 20년간 72% 상승했다. 일본과 비교한다면 상승 폭은 1/4에도 미치지 못하는 셈이다.

한국이 일본의 장기불황을 그대로 따라갈 수밖에 없다는 걱정을 정말 해야 하는 걸까? 부동산만 보자면 그럴 가능성은 너무도 적어 보인다. 오히려 여기서 부동산이 폭등하게 된다면 오히려 일본식 장기 불황의 가능성이 높아지게 될 것이다.

장기적인 경기침체 때문에 집을 살지 말지 고민한다는 분들에게 내가 항상 말씀드리는 조언이 하나 있다.

"타워팰리스가 5년 안에 100억을 호가하는 수준까지 가게 된다면 그때 장기침체에 대해 고민해 보세요."

좀 더 과장을 하면 '한국도 일본처럼 장기 불황에 빠질 수 있다. 단, 앞으로 10년 내에 타워팰리스가 100억을 호가하는 수준까지 상승한다는 조건이 있어야 한다'고까지 할 수 있다. 한국 경기는 상당 기간 어려운 국면에 머무를 가능성이 높지만 지금으로서는 버블도, 장기 불황의 위험도, 당장 현실화될 것 같지 않다.

대출해드립니다?

집값에 이사 비용과
인테리어 비용까지 얹어서!

집값이 1억인데, 대출 이자와 약간의 인테리어 비용까지 빌려 준다면 얼마나 좋을까……

물론 나중에 다 갚아야 할 돈이지만 그렇게만 된다면 훨씬 가벼운(?) 마음으로 집을 살 수 있지 않을까 싶다.

앞에서 한국 부동산이 다른 나라랑 비교하면 '못' 오른 국가라는 것을 데이터로 확인했다.

하지만 크게 와 닿지 않을 수도 있다. 지금도 억 소리 나는데 다른 나라는 더하다니……

다음의 몇 가지 사례를 살펴보고 다른 나라의 부동산 가격이 더 올랐던 이유에 대한 단서를 찾아보도록 하자.

나는 부동산 싸게 사기로 했다

사례 1
미국은 집 하나로
'두 번'이나 대출해 준다

2008년 서브프라임 모기지가 전 세계 경제를 흔들어 놓은 이후, 미국 주택대출이 얼마나 인심이 후했는지에 대한 사실을 접할 수 있었다. 원금 상환을 뒤로 미뤄 놓는 방법은 그나마 양반이고, 이자까지 대출해 주는 방식(1달러만 가지고 집을 사는 것을 비꼬는 다큐멘터리도 있었다) 등 정말 다양했다.

아울러 미국의 많은 집주인들이 집 하나로 두 번 혹은 서너 번도 대출이 가능했다는 사실은 한국인 입장에서는 고개가 갸우뚱해지는 대목이었다. 물론 집값이 꾸준히 올랐으니 가능한 부분이었겠지만, 대출을 끼고 산 1억짜리 집이 1억 1,000만 원이 되었다면 오른 가격인 1,000만 원에 대한 대출을 또 해 주는 식이었다. 물론 '해당 자산에 대한 평가액이 올랐으니 대출액 평가도 다시 해주는 거다'라고 말하면 할 말은 없지만, 이러한 대출 시스템을 보고 난 뒤에는 미국 주택 관련 대출 금액의 빠른 증가가 쉽게 이해된다. 이자를 많이 받아야 수익을 올리는 은행과 지금은 적은 돈을 내더라도(오랜 기간 더 많은 이자를 내더라도) 당장 좋은 집에 살고 싶은 사람들의 바람이 딱 맞아떨어진 결과였을 것이다.

사례 2
네덜란드, 영국에서는
집값 1억에 천만 원을 더 얹어서 빌려 준다

말 그대로다.

네덜란드와 영국에서는 각각 집값의 115%, 110%까지 대출이 가능했다. OECD(2004, The Contribution of Housing Markets to Cyclical Resilience)의 자료를 보면 국가별로 관례적인 LTV(주택가격 대비 대출한도)와 최대 가능한 LTV 수준을 국가별로 비교해 놓았다. 네덜란드의 평균적인 LTV 한도는 90%, 최대는 115%이며, 영국의 평균 LTV 한도는 69%, 최대치는 110%로 되어 있다. 이외에도 벨기에, 프랑스, 스페인 역시 최대 집값의 100%까지 대출이 가능하다니…… 그야말로 인심 후한 은행들이 아닐 수 없다.

물론 주택 매입 제도, 규제 등은 다르겠지만 한국에서보다는 훨씬 가벼운 마음으로 집을 사지 않았을까 짐작해 본다.

2008년 이후 부동산 위기로 호되게 당했으니 대출 패턴이 좀 바뀌지 않았을까 하는 생각이 든다. 물론 이전에 비해서는 부동산 대출이 깐깐해졌겠지만, 조사를 해 보니 아직은 한국 은행에 비해 인심이 후하다는 것을 확인할 수 있었다.

나는 부동산 싸게 사기로 했다

아래는 우리 회사에서 대출하라는 광고가 곁들여진 영국의 신문기사이다. 영국 역시 경제가 침체를 겪으며 대출이 어려워졌었지만, 부동산 가격이 다시 오르며 집값의 100%를 대출할 수 있는 시대가 다시 왔다는 내용이다.

< 영국, 집값의 100%를 대출해준다 >

자료: http://www.mirror.co.uk/money/100-first-mortgage-no-deposit--5104341

단순히 LTV 한도만 보고 '집값을 많이 대출해주는 것이 좋다 나쁘다'의 정책 판단을 하기는 어렵다. 그럼에도 한국 부동산이 2000년대 중반에 다른 국가 대비 덜 오른 배경에는 낮은 LTV 한도가 일정 부분 작용하지 않았을까. 게다가 2000년대 후반 경기침체 이후 더 힘들었던 국가들은 그동안 부동산 가격 상승으로 행복감을

누렸던 국가들이 아니었던가. 얻을 때가 있으면 잃을 때가 있는 걸
보니 세상에 공짜는 없는 법이다.

< 국가별 LTV 비교; 인심이 후한 나라들이 많다 >

Table 3. **Mortgage and housing market indicators**

	Residential mortgage debt in % of GDP		Loan-to-value ratios (%)		Typical loan term	Share of owner-occupied housing (%)		
	1992	2002	Typical	Maximum	(years)	1980[1]	1990[1]	2002[1]
Australia	24.2	50.8	65	. .	25	71	72	70
Austria	. .	. .	60	80	20-30	52	55	56
Belgium	19.9	27.9	83	100	20	59	67	71
Canada	42.7	43.1	75	. .	25	62	63	66
Denmark	63.9	74.3	80	80	30	52	52	51
Finland	37.2	31.8	75	80	15-18	61	67	58
France	21.0	22.8	67	100	15	47	54	55
Germany	38.7	54.0	67	80	25-30	41	39	42
Greece	4.0	13.9	75	80	15	75	76	83
Ireland	20.5	36.5	66	90	20	76	79	77
Italy	6.3	11.4	55	80	15	59	68	80
Japan	25.3	36.8	80	. .	25-30	60	61	60
Luxembourg	23.9[2]	17.5	. .	80	20-25	60	64	70
Netherlands	40.0	78.8	90	115	30	42	45	53
New Zealand	32.6	56.2	. .	. .	. .	. .	73	65
Norway	47.9	50.2	. .	80	15-20	74	78	77
Portugal	12.8	49.3	83	90	15	52	67	64
Spain	11.9	32.3	70	100	15	73	78	85
Sweden	37.5	40.4	77	80	< 30	58	56	61
United Kingdom	55.5	64.3	69	110	25	58	65	69
United States	45.3	58.0	78	. .	30	65	64	68

1. Approximate dates.
2. 1994.
Source: European Mortgage Federation, Mercer Oliver Wyman (2003), ECB (2003), Contact Group (2002), Noguchi and Poterba (1994) and Australian Bureau of Statistics, Reserve Bank of Australia, Bank of Canada, Canada Mortgage and Housing Corporation, Japan Statistics Bureau, Bank of Japan, Statistics New Zealand, Reserve Bank of New Zealand, UK Office for National Statistics, US Department of Housing and Urban Development, US Federal Reserve, US Mortgage Bankers Association.

자료: OECD Economic Studies No.38, 2004/1

나는 부동산 싸게 사기로 했다

02

인구 절벽은
곧
부동산 절벽?

인구 절벽
쫄지 말자

부동산 가격이 꼭 인구를 따라가는 건 아니다

< 급격한 저출산·고령화 진행 >

	생산인구 감소	고령사회 진입	베이비부머 노인세대 진입	초고령 사회	총인구 감소
2016	2017	2018	2020	2026	2031

부양 부담이 낮은 마지막 5년
인구 Bonus

총 부양비가 증가하는 시기
인구 Onus

· 결혼 / 출산 / 육아로 인한 경력단절 여성 198만 명
· 취업 여성 출산율 0.72명
· 30세 미만 취업자 30%가 비정규직
· 1인당 사교육비 월 34만 7000원
· 서울서 신혼 전셋집 마련에 28년
· 65세 이상 노인 빈곤율 49.3%로 OECD 최고
· 2012년부터 2020년까지 매년 베이비부머 20만 명씩 은퇴
· 치매 관련 사회적 비용 연간 11조 7000억 원

부동산 비관론에는 '인구 절벽'이 빠지지 않는다. 부동산에서 빼놓을 수 없는 중요한 요인 중 하나가 바로 인구이기 때문인데, 집 사기를 주저하게 만드는 큰 이유 중 하나도 인구 절벽에 대한 두려움 때문이다. '인구 = 수요'임을 감안하면 이 같은 두려움도 무리는 아니다.

< 한국의 생산가능활동인구 비중은 2014년에 정점 >

: 2014년 정점

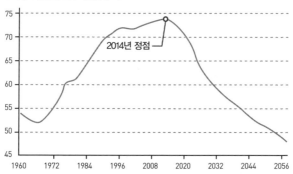

한국 생산가능활동 인구 비중(단위: %)

자료: 통계청

나는 부동산 싸게 사기로 했다

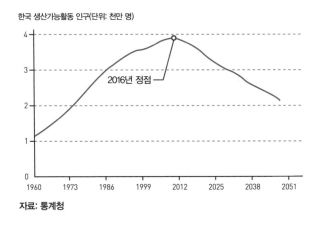

< 한국의 생산가능활동인구는 2016년 이후 감소한다 >

한국 생산가능활동 인구(단위: 천만 명)

2016년 정점

자료: 통계청

'인구 절벽'이 이렇게도 많이 회자되는 이유는 바로 한국 생산가
능활동인구[5] 비중이 2014년에 정점을 찍고 하락세로 접어들었기
때문이다. 아무리 100세 인생이라고들 하지만 경제에 좀 더 활력
을 불어넣는 세대는 젊은 계층임을 부인하긴 어렵다. 통계청의 전
망에 따르면 15-64세 절대인구도 2016년을 정점으로 감소구간에
진입하게 된다. 증가율이 둔화되는 것도 아니고 절대 수치가 줄어
든다는 것은 사실 가벼운 문제가 아니다. 앞으로 노동 측면의 성장

----

5) '15세부터 64세'를 생산가능활동인구로 분류하며 노동력 측면에서 한 국가가 어느
정도의 성장 동력을 가지고 있는지에 대한 지표로 사용한다. 성장을 이루는 노동·자
본·기술(생산성) 중 노동이 단기간에 변하기 가장 어려운 요인임을 감안하면, 성장에서
근간을 이루는 부분 중 하나임이 분명하다.

탄력은 크게 둔화될 수 있는 것이 사실이니까 말이다. 이러한 변화가 소위 말하는 인구 절벽이다. 한국이 일본과 비슷한 전철을 밟게 될 것이라는 우려도 바로 이 부분에 있다.

특히 부동산에서 15-64세 인구는 더더욱 중요한 요인이다. 대게 새로 집을 필요로 하는 연령대는 대학을 입학하는 20세, 결혼하는 30-35세가 주류이며, 정년퇴직 이후의 노년기에는 집을 사기보다는 처분하여 현금화하고 싶어하기 때문이다. 15-64세는 전체 경제에 활력을 주는 연령대임과 동시에 집을 살 만한 집주인 후보들이 몰려 있는 연령대로 볼 수 있다.

생산가능활동인구 비중이 peak-out한 이후, 부동산 가격이 하락 일로를 걸었던 일본의 사례

부동산에서 생산가능활동인구 비중에 더 집착하는 이유는 일본의 트라우마 때문이다. 일본은 경제활동인구가 peak-out[6]하는 시점과 자산 버블 붕괴 시점이 너무나도 정확하게 일치했다. 책에서나 있던 인구의 중요함이 실제 사례로 증명되던 순간이었다. 일본은 생산가능활동인구 비중과 부동산 가격, 주가의 고점이 거의

----
6) peak-out: 정점에 이르다.

나는 부동산 싸게 사기로 했다

정확하게 일치했던 사례다. 성장가도를 달리던 일본은 1980년대 말 일순간에 경기, 부동산, 주가 모두 급락의 길을 걷게 되었다. 부동산과 주가가 경기에서 벗어날 수 없다는 점을 감안할 때 어찌 보면 당연한 일이겠지만, '잘 나가던' 일본의 추락은 그야말로 충격이었다. 이후 일본은 유례없는 장기 불황, 잃어버린 20년이 지속되었다. 불황의 시작이 생산가능활동인구 비중의 정점 통과와 일치한다는 점은 많은 사람들로 하여금 '인구'를 다시 보게 하는 계기가 되었다. 화려한 성장 이후 급격한 버블 붕괴, 이후 장기 침체를 겪은 일본의 경험은 인구 요인을 무시할 수 없게 만든다.

< 일본의 생산활동가능인구 peak-out과 자산 버블 붕괴 시점의 일치 >

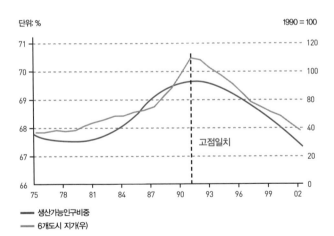

자료: Bloomberg

이미 오래 전에 노령화·저성장 단계에 들어섰던 유럽, 일본과 달랐다

그렇다면 인구는 부동산 가격을 결정하는 절대적인 요인일까?

한국의 부동산 가격 역시 인구 노령화와 함께 하락일로를 걷게 되는 걸까?

아니다. 왜냐하면 부동산 가격을 결정하는 데에 있어 인구가 중요한 영향을 미치는 요인이긴 하나 절대적인 힘을 발휘하는 것은 아니다. 더군다나 노령화와 부동산 가격 상승이 동시에 나타난 사례들도 충분히 있기 때문이다. 부동산 가격이 반드시 인구를 따라가는 것은 아니라는 점은 한국의 부동산에 버블이 없다는 것과 함께 많은 사람들이 가지고 있는 생각과 반하는 부분일 것이다. 주요 국가의 인구 추이와 부동산 가격을 모두 비교해 본 결과 일본과 대비되는 사례는 저 멀리 유럽에서 발견된다.

< 일본과 유럽의 인구 추이는 유사하다 >

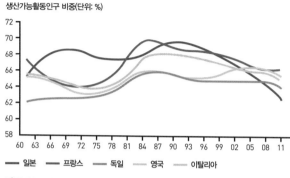

생산가능활동인구 비중(단위: %)

일본 ━━ 프랑스 ━━ 독일 ━━ 영국 ━━ 이탈리아

자료: Bloomberg

일본은 유럽 국가들과 비슷한 인구 추이를 그렸다.

< 일본과 이탈리아의 인구 추이는 특히 비슷하다 >

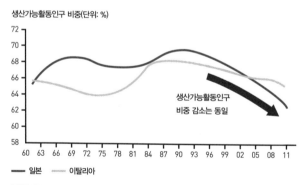

생산가능활동인구 비중(단위: %)

생산가능활동인구
비중 감소는 동일

일본 ━━ 이탈리아

자료: Bloomberg

특히 이탈리아와 일본의 생산가능활동인구 비중 추이는 매우 유사하다. 일본의 노령화가 훨씬 빠르게 진행되긴 했지만 peak-out을 통과한 시기는 이탈리아가 더 빨랐다.

< 부동산 가격은 반대로 움직였다 >

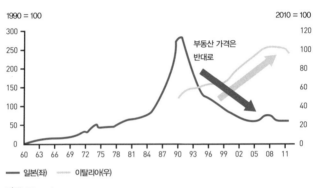

자료: Bloomberg

그렇다면 이탈리아를 포함한 다른 유럽 국가의 부동산 가격도 하락세를 걸었을까? 결과는 그 반대였다. 일본의 부동산 가격이 1990년 이후 가파르게 하락한 데 반해 이탈리아의 부동산 가격은 1990년대에 주춤한 이후 2000년대에 들어서서는 오히려 빠르게 올랐다.

나는 부동산 싸게 사기로 했다

프랑스, 독일, 영국, 이탈리아,
인구 감소에도 불구하고 부동산 가격이 올랐다

프랑스, 독일, 영국, 이탈리아 등 유럽 국가 대부분과 일본의 생산가능활동인구 비중은 유사한 패턴을 보인다. 2000년대 이후 생산가능활동인구 비중의 하락세가 주춤했던 유럽 국가와는 달리, 일본은 계속해서 하락 일로를 걷는다는 점이 차이점이다.

일본의 부동산 가격이, 부동산을 넘어 전체 경제가 고꾸라졌던 1980년대 말~1990년대 초에는 유럽 국가들 대부분 역시 생산가능활동인구 비중이 정점에서 하락세로 접어들었다. 그렇다면 유럽 국가 역시 일본과 마찬가지로 부동산 가격이 하락했을까?

실제 부동산 가격의 움직임은 오히려 반대였다. 생산가능활동인구 비중, 즉 집을 살 만한 나이대의 사람들이 줄어들 당시 부동산 가격이 주춤하기는 했지만, 오히려 이후 고령화 추세에도 부동산 가격은 크게, 그것도 아주 큰 폭으로 상승했다. 일본과 이탈리아의 인구 비중 추이가 가장 비슷한데, 일본 부동산 가격이 고꾸라지는 가운데, 이탈리아 부동산 가격은 오히려 가파른 상승세, 2000년대 이후에만도 거의 2배에 가깝게 올랐다. 프랑스와 영국 역시 2000년대 이후 3배에 가까운 큰 폭의 부동산 가격 상승을 경험한다.

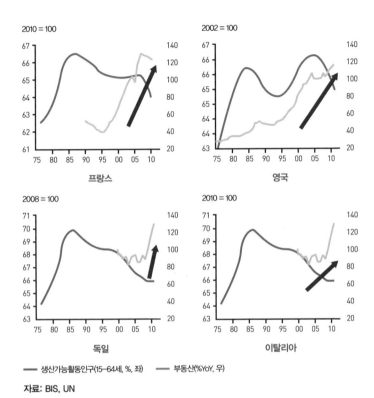

< 일본과는 달리 유럽의 부동산은 크게 올랐다 >

프랑스

영국

독일

이탈리아

── 생산가능활동인구(15~64세, %, 좌) ── 부동산(%YoY, 우)

자료: BIS, UN

이탈리아뿐만 아니라 프랑스, 독일, 영국의 부동산 가격 상승 역
시 생산가능활동인구 비중, 즉 집을 살 만한 연령대의 비중 감소와
동시에 진행되었다는 점은 매우 흥미롭다. 생산가능활동인구가 정
점을 지나는 당시에는 일정 부분 영향을 받지만 이후 생산가능인

구 비중이 꾸준히 감소하더라도 오히려 부동산 가격이 상승하는 패턴을 보인 것이다. 인구가 부동산 가격에 영향을 미치는 중요한 요인이지만, 절대적으로 좌우하는 요인은 아니라는 점을 보여주는 대목이다.

1980년대 중반 영국, 1990년대 초반 이탈리아 부동산 가격은 생산가능활동인구 비중이 정점을 통과하며 주춤하는 모습을 보인다. 다만, 조정기간이 길지 않았으며 폭 또한 조정이라기보다는 횡보에 가까웠다.

고령화 ≠ 부동산 폭락
저성장 ≠ 부동산 폭락

또 한 가지 재미있는 점은 이미 오래 전에 저성장 국면에 진입했다고 평가받는 유럽 부동산의 상승세가 생각보다 오랫동안 가파르게 지속된 것이다. 일본만큼은 아니지만 노령화·저성장이 장기화된 유럽에서 나타난 부동산 가격 상승은 '과연 한국이 일본의 전철을 밟을 것인가'라는 질문에 대해 유의미한 시사점을 제공한다.

즉, 쉽게 말해 '고령화=부동산 폭락'도 아니며 '저성장=부동산 폭락'도 아닌 것이다.

물론 가계의 자산 중 부동산이 차지하는 비중이 유럽에 비해 한국이 훨씬 높다는 점은 차이점이다. 생산가능활동인구가 정점을 통과한 이후에도 유럽과 같이 한국 부동산 가격이 크게 오를 수 있다는 핑크빛 전망을 하는 것은 아니다.

　　다만, 유럽 국가의 사례는 인구가 부동산 가격을 결정하는 절대 요인이 아님을 보여주는 반증이며, 한국이 유럽처럼 되지 않을 수 있지만 꼭 일본처럼 되리라는 법도 없다는 점을 강조하고 싶다. 그러니까 내 집 마련을 앞두고 인구 절벽에 바짝 쫄아 기회를 놓치는 일은 만들지 말자.

나는 부동산 싸게 사기로 했다

월세, 빠르게
치고 들어온다

부동산 가격이 빠지기보다는 오를 것이라는 주장에 충분히 공감하지 못하더라도,

한국 부동산에는 버블이 거의 없고, 고령화에도 부동산이 오른 사례는 충분히 찾을 수 있다는 사례에 고개를 갸우뚱하더라도,

집을 사는 것이 나은 선택인 또 다른 이유는 분명히 있다.

바로 '월세' 때문이다.

널리 알려진 대로 전세 제도는 한국이 유일하다.

위키피디아(Wikipedia)에서는 다음과 같이 전세 제도를 'Jeonse'로 표기하며 한국의 독특한 임차제도라고 소개하고 있다.

Jeonse is a real estate term unique to South Korea that refers to the way apartments are leased. Instead of paying monthly rent, a renter will make a lump-sum deposit on a rental space, at anywhere from 50% to 80% of the market value.[7]

물론 전세 제도는 앞으로도 상당기간 유지될 것이다. 집주인들이 전세금을 다 빼줘야 전세가 없어지는데, 집주인들이 지금 당장 전세금을 다 빼줄 수 있을 정도로 현금을 확보하고 있는 것 같지는 않다. 다만 전세 제도가 단기간에 사라지진 않겠으나 서울 아파트 권역에서의 월세 침투 속도가 매우 빨라 놀랄 정도다. 2~3년 전만 해도 월세는 대학가 근처, 서울 중심지, 학군이 좋은 강남 지역 일부에만 해당되는 얘기였지만 현재 서울 전체 지역으로 월세화가 빠르게 확산되고 있다. 언론보도에 따르면 서울의 아파트 월세 거래 비중이 30%를 넘어섰으며 중구, 관악구 등에서는 40%까지 그 비중이 높아졌다. 두 눈을 의심하게 만드는 비율이다. 서울 주택(단독·다가구 등 포함)의 전·월세 매물 절반 이상이 이미 월세화되었다는 분석도 제기되고 있다. 네이버 부동산에서 전세는 찾아보기 힘들고, 부동산에 내놓으면 집을 보지도 않고 계약금을 건다는 얘기

----

7) 자료: 위키피디아. https://en.wikipedia.org/wiki/Jeonse(2016.01.25).

나는 부동산 싸게 사기로 했다

는 들은 적이 있지만, 실제 통계로 볼 때도 거의 절반 이상의 숫자가 이미 월세화가 진행되고 있다는 점은 놀라운 수준이다.

나는 집값 폭락보다
월세가 더 무섭다

나는 집값 폭락보다 월세가 더 무섭다. 왜냐하면 월세로의 전환은 가처분 소득의 감소, 즉 매달 쓸 수 있는 돈이 줄어드는 것을 의미하기 때문이다. 전세는 아깝지만 깔고 앉아 있는 돈이었으나, 월세는 다달이 주거비를 내야 하는 '비용'이기 때문인 것이다. 게다가 다른 나라의 사례를 보면 월세는 가뿐히 낼 수 있는 수준이 아니다. 미국이나 유럽 등의 주요 도시에는 대개 월급의 1/5~1/2 정도를 주거비로 지출하고 있고 일본 역시 전체 소득에서 25%가 넘는 금액을 주거비로 쓰고 있다. 쉽게 말해 세후 월급이 300일 경우, 월세로 60~150 정도를 지출해야 할지도 모른다는 이야기다. 한 번이라도 월세를 내본 사람은 알겠지만, 월세를 내는 사람에게 저축이란 다른 세상 이야기가 된다. 가뜩이나 빠듯한 가계부가 더욱 빠듯해진다는 의미이다.

빠듯한 살림에서 주거비 지출이 더 증가하는 구조로 변화한다는 것은 전혀 반가운 일이 아니다. '집을 사고 안 사고'는 개인의 경제상황과 주관에 따라 다르게 결정할 수 있겠지만 집 없는 사람들은 월세 지불로 인해 더 많은 비용이 지출되는 상황을 감수해야만 하는 때가 오게 될 것이다. 한마디로 집값 떨어지는 것보다 월세로 계속 돈을 내야 한다는 것이 더 손해일 수 있다는 말이다.

< 월세가 빠르게 늘고 있다 >

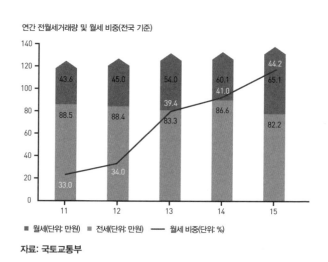

연간 전월세거래량 및 월세 비중(전국 기준)

■ 월세(단위: 만원) ■ 전세(단위: 만원) ── 월세 비중(단위: %)

자료: 국토교통부

국토교통부가 발표한 자료에 따르면 2015년 연간 전·월세 거래량은 총 1,472,398건으로서 전년대비 0.4% 증가하였으며 이중에서

나는 부동산 싸게 사기로 했다

월세가 차지하는 비중은 44.2%로 전년도에 41.0%였던 것과 비교하면 3.2%p가 증가하였음을 파악할 수 있다. 실제로 월세 비중은 빠르게 늘고 있다. 2011년에는 전체 거래의 1/3 수준이었던 것을 감안하면 월세가 얼마나 빠르게 보편화되고 있는지를 알 수 있다.

또한 지역별, 임차유형별 전·월세 거래량을 살펴봤을 때 지역별 2015년 전·월세 거래량은 전년대비 수도권은 0.6% 감소하고 지방은 2.4% 증가하였으며, 임차유형별 2015년 전·월세 거래량은 전세는 5.1% 감소하고 월세는 8.3% 증가(전년대비)하였음을 알 수 있었다(자료: 국토교통부 홈페이지(2016.01.18.)).

일본, EU 등 선진국들이 유례없는 마이너스 금리까지 채택해가며 경기 살리기에 나서고 있다. 우대금리를 받아야 7%였던 주택담보대출 금리는 이제 2%대도 받기 쉬워졌다. 대출금리가 이럴진대 예금금리는 어떻겠는가. 집주인들은 전세금을 받아봤자 돈 굴릴 데가 마땅치 않아졌다. 돈 받는 거야 늘 좋은 일이겠지만 받은 돈으로 올릴 수 있는 기대수익이 낮아졌다는 것은 반갑지 않은 일이 분명하다.

임차인 입장에서도 전세보다는 월세를 선택할 이유가 생겼다. 바로 깡통 전세 때문이다. 전세금을 제때에 받지 못해 발을 동동 구르는 사람들의 이야기를 한 번쯤은 들어봤을 것이다. 임대인과 임차인의 필요가 맞아떨어졌고, 결과는 월세의 빠른 확대로 이어졌다.

이제는 아파트 전세가 귀하신 몸이 되고, 월세는 흔한 현상이 되었다. 지금 나가는 이자도 아까운데 월세라니…… 돈 줄줄 새어나가는 소리가 들린다.

전세는 앞으로도 '귀하신' 몸이 된다

앞으로도 전세가 계속 '귀하신 몸'이 될 거라는 소식은 나처럼 전세로 사는 사람 입장에서는 매우 피곤한 일이다. 지금 살고 있는 주인이 얼마를 올릴지에 대하여 수만 가지 시나리오를 머릿속에 적어 내려가며 받은 스트레스란 이루 말할 수가 없을 지경이다.

이 세상 모든 전세살이들에게 안타까운 소식이지만,
안타깝게도 당분간은 전세 급등 현상이 지속될 예정이다.

게다가 집을 보지도 않고 전세가 나왔다는 부동산의 연락에 백만 원이라도 걸고 보는 웃지 못할 해프닝도 당분간 이어질 것이다. 강남 지역 재건축으로 인해 전세 물건이 줄어들고 있는데다가 월세로의 이동도 빠르게 진행 중이기 때문이다. 매매 가격이 상승하

면서 전세·매매 비율의 상승세는 일단락될 수 있지만 사실 이건
데이터일 뿐이라는 점 상기해두자.

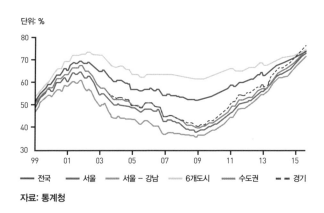

< 전국 전세 · 매매가격비율 >

자료: 통계청

주택 가격이 상승하면서 전세·매매 비율이 횡보할 수 있겠으나
그동안의 공급 부족은 주택 가격 상승세로 이어질 게 분명하다. 전
세 가격 상승세 역시 당분간 이어질 가능성을 예상할 수밖에 없다.
상승세를 탄 매매 가격과 월세 전환은 전세를 더더욱 귀하게 만드
는 요소가 된다.

내 집 마련 골든타임

월세가 보편화된 일본의 사례

일본 월세는
얼마나 할까?

서울 집값이 너무 비싸다 보니 차라리 폭락해버렸으면 좋겠다는 글들을 자주 접한다.

부동산이 폭락해버린다면 오히려 살기 편할까?

그야말로 부동산이 폭삭 망해버린 일본의 월세는 정말 싸졌을까?

일본에서 부유한 동네로 유명한 롯폰기(Roppongi·六本木)의 월세는 약 200만 원(가장 저렴한 수준) 내외이다. 심지어 1,500만 원 이상을 호가하는 주거형 아파트 월세도 찾아볼 수 있다. 도쿄의 평균 월세는 10평 기준으로 85만 원 수준이다. 독신 가구라면 무리 없겠지만 가족이 살기에 10평은 부족하다. 32평이라면 월세는 350만원 수준까지 올라간다. 아무리 일본의 1인당 국민소득이 4만 불을 훌쩍 뛰어넘는다고는 하지만 일본의 월세는 감당하기 어려운 수준으로 느껴진다.

일본의 1인당 국민소득이 한국의 약 2배 가까이 된다는 점을 감안하더라도 일본의 월세는 아찔하다. 부동산 가격이 고점대비 70% 가까이 하락한 게 이 정도라 하니 20년 전 일본의 월세는 도무지 상상할 수가 없다.

하지만 한국도 일본과 비슷한 수준의 월세를 부담해야 하는 때가 다가오고 있다.
한국에서 월세가 보편화되는 시기에는 한국 사람들 또한 저 정도의 월세를 부담하고 살아야 한다. 대충 훑어만 봐도 부담이 팍팍 가는 금액에 간담이 서늘해진다.

나는 부동산 싸게 사기로 했다

< 일본 롯폰기의 월세 >

Roppongi Apartments

Roppongi is based in Minato-ku, one of the 23 major wards of Tokyo city. It is a popular area with the expat community for its nightlife with its great selection of restaurants, bars, Karaoke rooms and much more. Roppongi station has two lines, the Oedo line and the Hibiya line, making it relatively easy to connect to major business districts. Close to many Embassies and head offices in Tokyo.

In the area:
+ Tokyo Tower
+ National Art Centre Tokyo
+ Tokyo Midtown
+ Mori Art Museum

Recommended Roppongi Apartments

500,000 - 1,290,000 JPY/M

Ark Hills Sengokuyama Residence
Minato Area :1Bedroom - 2Bedroom

210,000 - 430,000 JPY/M

Roppongi Duplex M's
Minato Area :Studio - 2Bedroom

자료: http://www.tokyoapartments.jp/roppongi-apartments

롯폰기 고급 아파트 방 1~2개짜리 월세는 500만 원~1,300만 원선, 그나마 조금이라도 싼 지역은 210만 원~430만 원선이다. 좋은 동네의 최고급 아파트일 거라는 짐작을 감안하더라도, 어마어마한 월세 수준이다.

일본 지역별
평균 아파트 월세

　일본의 월세는 그야말로 부담스럽다. 일본 지리는 잘 모르지만 대충 봐도 도심지로 보이는 도쿄 23구의 월세는 10평 기준으로 105만 원. 강남역 오피스텔 월세도 그 정도 하는 데가 있으니 '한국과 별반 다르지 않네?'라고 생각할 수도 있다. 하지만 문제는 일본엔 전세가 없다는 점이다. 32평 기준으로 도쿄 23구의 월세는 300만 원이 훌쩍 넘어간다. 한국 연간 가구당 월평균 소득이 430만 원(2014년 기준)임을 감안하면 월급의 80%에 달하는 돈이 월세로 나가는 셈이다. 평수를 27평으로 줄인다 해도 월세 280만 원은 월급의 65%다.

　참고로 일본의 가구당 월평균 소득은 500만원을 조금 상회하는 수준이며, 32평은 월급의 60%, 27평으로 줄여도 56%로 절반이 넘는 수준이므로 일본과 한국의 상황은 별반 다르지 않다.

< 일본 아파트의 월세는 여전히 매우 비싸다 >

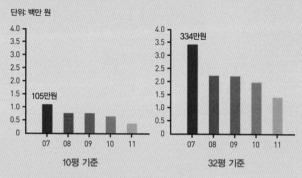

단위: 백만 원

10평 기준

32평 기준

■ 도쿄 23구　■ 요코하마　■ 오사카　■ 사이타마　■ 치바

내 집 마련 골든타임

한국에만 있는 전세 제도
"어느 외국인 투자가와의 대화"

왜 매매보다 전세가 더 쌀까?

그 반대여야 하지 않나?

어느 외국인 투자가와 나눈 대화 중 일부를 소개한다.

그에게 한국에만 있는 'Jeonse' 제도를 설명하며 전세 보증금이 매매 가격의 최소 40~50%, 최대 70~80% 정도 한다고 하자 예상 외의 질문을 던져왔다.

"왜 매매 가격보다 전세가 싼 거죠?"

외국인 투자가의 질문이 이해가 가지 않았다. 전세 가격이 매매 가격보다 싼 것은 너무도 당연한 일이었기 때문이다. 하지만 그와 대화를 좀 더 이어나가 보니 그 질문에도 일리가 있다는 생각을 하게 되었다.

전세가가 매매가보다 비쌀 수 있는 이유는 첫째, 집주인이 부동산 가격 하락의 리스크를 감수하고 있기 때문이고 둘째, 집의 노후화, 즉 감가상각의 부담 역시 임차인이 아닌 임대인이 부담하고 있기 때문이었다.

나를 포함해 대다수의 한국인들이 집값이 오르는 일을 너무 당연시하고 있는 게 아닌지 한 번 생각해 볼 만한 대화가 아니었나 싶다.

집, 사야 한다
그것도 싸게!

부동산에도 밀당의 법칙이 있다.

'때'를 잘 파악하고 실행에 옮겨야 한다.

집을 사기에 적당한 때는 언제이고

집을 절대로 사지 말아야 할 때는 언제일까?

부동산 전쟁에서
승자가 되는 법

강력
추천

분석의 출발은 이해
: 절대 놓쳐서는 안 될 부동산 특징 BEST 5

부동산만큼 특이한 자산이 또 있을까?

주식, 채권, 환율 모두 예측하기 복잡하지만 그 중에서도 부동산의 복잡함은 단연 으뜸이다.

분석과 전망의 출발은 '이해'다. 부동산이 어떤 특징을 가지고 있는지를 파악하는 것이 올바른 분석과 함께 좀 더 정확한 전망으로 이어지는 데 큰 도움을 줄 수 있을 것이다.

부동산이 가진 고유한 특성은 다음 다섯 가지이다.

특징 1. 누구나, 반드시, 적어도 하나는 거래한다.

특징 2. Closed market이다.

특징 3. 경기에 '아주' 좋은 선행지표이다.

특징 4. 오른다 오른다 하면 진짜 오른다(자기실현적 예언).

특징 5. 비슷한 환경, 다른 결과를 나타낸 사례를 쉽게 찾을 수 있다.

특징 1. 누구나, 반드시, 적어도 하나는 거래한다.

사람들과의 대화에서 빠지지 않는 화두 중 하나는 바로 부동산이다. 어느 동네가 얼마에서 얼마로 올랐다더라, 어디는 지하철이 들어와서 부동산 가격이 급등했다더라 하는 얘기는 대화의 단골 주제이다. 부동산은 전체 경제에서 중요한 요인임과 동시에 모든 개인과도 맞닿아 있기도 하다. 채권, 주식 등과 달리 부동산은 누구나, 반드시, 적어도 하나는 거래하기 때문이다. 강남에서 제주도까지 그리고 월세부터 자가까지 모두가 어딘가에서 반드시 살아야 한다.

부동산, 모든 경제 주체가 참여자가 되는 시장

누구나, 반드시, 적어도 하나는 거래한다는 사실을 가볍게 넘겨서는 안 된다. 경제학적으로 말하자면 모든 경제 주체가 시장 참여자가 된다는 것인데, 이러한 특징을 가지는 자산은 부동산이 유일하다. 전체 경제에 미치는 영향력이 큰 것은 두말 할 것도 없을 것이다. 부동산이 경제에 얼마나 큰 영향을 미치는지는 2001년 미국의 IT 버블 붕괴와 2008년 세계경기침체를 비교해 보면 알 수 있다.

미국의 IT 버블 붕괴와 2008년 세계경기침체

주가의 하락 폭은 비슷했으나 실업률 상승 폭은 큰 차이를 보였다.
부동산 때문이다.

① 주가 하락

미국의 IT 버블 붕괴와 서브프라임 모기지 사태로 인한 주가 하락
폭은 크게 차이가 나지 않는다.

IT 버블 붕괴: 1년 4개월간 주가 43% 하락

서브프라임 모기지 사태: 1년 8개월간 주가 50% 하락

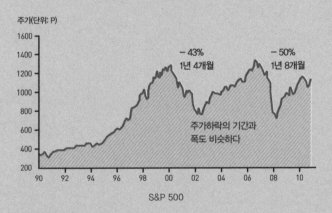

자료: Bloomberg

② 실업률 상승

미국의 IT 버블 붕괴와 서브프라임 모기지 사태로 인한 실업률 상승 폭은 크게 차이가 난다.

IT 버블 붕괴: 실업률 1% 상승

서브프라임 모기지 사태: 실업률 2배 상승

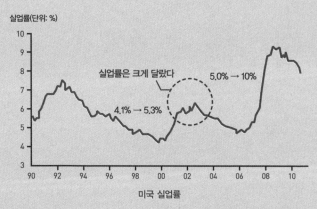

미국 실업률

자료: Bloomberg

③ 주가와 실업률 차이의 관건은 부동산!

미국의 IT 버블 붕괴와 서브프라임 모기지 사태가 발생했을 당시인 2001년에는 부동산이 상승했고 2008년에는 폭락했다.

주식은 소수가, 부동산은 전체가 참여자라는 점이 경기 침체의 폭을 좌우한 것이다.

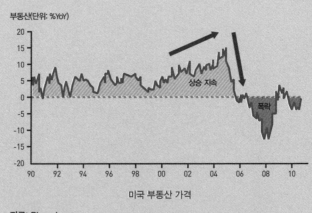

미국 부동산 가격

자료: Bloomberg

미국의 IT 버블 붕괴와 2008년 세계경기침체 당시 주가 하락의 기간과 폭은 비슷했다. IT 버블 붕괴 당시 주가는 43% 하락, 2008년 세계경기침체 당시엔 50%의 하락을 기록했다. 둘 다 주가가 거의 50% 가까이 하락했으니, 그 공포는 이루 말할 수 없었을 것이다.

나는 부동산 싸게 사기로 했다

하지만 주가 하락률이 비슷했던 것과는 달리 실업률의 흐름은 크게 달랐다. IT 버블 붕괴 때 실업률은 5% 초반으로 1%p 남짓 올랐지만 2008년 세계경기침체 당시에는 5%에서 10%로 2배의 상승을 기록했다. 2008년 세계경기침체에 비하면 IT 버블 당시의 경기침체는 귀여운 수준이다. IT 버블 이후 미국은 빠른 회복에 성공했던 데 반해, 2008년 경기침체 이후에는 전체 근로자 중 6% 넘는 수의 사람들이 직장을 잃고 집으로 돌아가야만 했다(1997년 한국 외환위기 당시 직장에서 해고된 숫자는 전체 고용자 중 8%였다. 한국의 외환위기를 직간접적으로 경험했던 사람이라면 해고자가 전체의 6%를 넘었다는 것이 어느 정도 수준인지 가늠할 수 있을 것이다. 많은 친구들의 부모님이 직장 대신 집에 머무르셔야 했다).

이런 차이를 발생케 한 요인은 무엇인가? 바로 다름 아닌 부동산이다. 주식은 소수가 투자하는 자산인 반면에 부동산은 전체가 참여자이다. 모든 경제 주체가 시장 참여자가 된다는 한 줄은 전체 경제에는 막대한 차이로 이어진다. 주가 하락은 소수의 부자에게 많은 피해를 입혔겠지만, 대부분의 사람들이 집에서 쫓겨날 정도의 영향은 주지 못했다. 반면, 2008년 세계경기침체 이후 상당수의 미국 주택은 'for Sale'이라는 간판을 내걸었어야 했다. 얼마만큼의 사람이 참여하는가가 경기침체의 폭을 좌우한다는 사실을

국내 유명 포털 사이트 네이버가 운영하는
'네이버 부동산'

방 구해주는 어플리케이션 '직방'

방 구해주는 어플리케이션 '다방'

확인시켜 주는 사례였다.

특징 2. Closed market이다.

폐쇄적인 시장, 정보가 비대칭한 시장이라는 점 역시 부동산의 중요한 특징이다. 정보의 비대칭은 쉬운 말로, 너와 내가 알고 있는, 임대인과 임차인이 가지고 있는 정보가 다르다는 것이다. 주식과 채권은 국가별로 다른 제도와 다른 통화로 거래되지만 부동산에 비해 훨씬 개방된 거래 구조를 지니고 있다고 볼 수 있다. 부동산은 국가별로 큰 차이를 보이며 한 국가 내에서도 지역별로, 한 동네에서도 아파트별로, 바로 붙어 있다 하더라도 부동산별로, 각기 다른 정보와 물건을 가지고 있다는 점이 특이한 부분이다.

'발품'이 필요한 시장

인터넷의 보급과 스마트폰 기기의 발달로 인해 요즘에는 각종 포털 사이트의 부동산 코너(예: 네이버 부동산, 다음 부동산 등등)를 통해 쉽게 시세를 알아볼 수 있다. 게다가 방을 직접 구해주는 어플리케이션(예: 직방, 다방 등등)도 등장했다. 일일이 부동산 중개인과 통화하며, 직접 집을 보러 다니는 것 이외에는 정보를 얻을 수 없었던 시절과 비교한다면 세상 참 좋아졌다는 말이 절로 나온다.

그럼에도 불구하고 '인터넷을 통해 알아본 부동산 가격과 물건'은 '직접 발품 팔아 얻어낸 정보'와 실제로 차이가 나는 경우가 빈번하다. 아울러 거액이 오고가는 만큼, 실제 내가 들어가서 살아야 하는 만큼, 집이란 것은 '꼭 보고 사야 맘이 놓이는 자산'이기도 하다. 전 세계적으로 인터넷이 발달한 국가로 상위권에 속하는 한국이 이럴 정도인데 해외의 경우는 더더욱 폐쇄된 시장이 아닐까 하는 추측도 가능하다.

특징 3. 경기에 '아주' 좋은 선행지표이다.

미국 부동산의 18년 주기설

부동산이 경기에 아주 좋은 선행지표가 된다는 것은 두말 할 필요도 없다. 부동산에 대한 다양한 연구가 이루어진 미국의 사례는 부동산이 얼마큼 경기의 변곡점을 잘 짚어내는지를 보여준다.

경기 사이클(Business Cycle)에 '항상' 선행하는 부동산 사이클 (Property Cycle)

미국에서는 부동산의 18년 주기설이 가장 설득력 있는 주장 중하나이다. 1800년대 이후 부동산 주기가 대부분 18년을 기록했기때문이다. 18년을 주기로 부동산이 움직였던 것에 대해서는 해석이 분분하다.

18년 주기설과 함께 눈길을 끄는 것은, 경기 사이클의 고점보다부동산 사이클의 고점이 1~2년 선행했으며 예외가 거의 없었다는점이다. 1900년대 초 1번의 예외를 제외하면 200년간 총 10번의사이클 중 부동산 peak-out 이후 1~2년, 길어야 3년 이내에 경기

나는 부동산 싸게 사기로 했다

또한 peak-out했다. 한 자산의 가격 지표가 경기에 예외 없이 선행했다는 점은 매우 중요하다. 부끄럽지만, 경제 분석으로 월급을 받으면서도 나는 부동산에 큰 관심을 가진 적이 없었다. 내가 실제 투자할 돈도 별로 없기도 했고, 한국 부동산은 경기에 상관없이 그냥 '오르기만' 하는 것처럼 보이기도 했기 때문이다. 하지만 좀 더 긴 데이터를 가지고 있는 미국, 일본, 유럽 등의 사례를 보면 전체 경제를 전망하는 데 있어 부동산 가격은 정말 정말 중요한 잣대가 아닐 수 없다.

미국 부동산의 18년 주기설

부동산 가격은 예외 없이 경기 사이클을 선행했다.

지가 사이클 고점	주기 (년)	건축물 사이클 고점	주기 (년)	경기 사이클 고점	주기 (년)
1818	–	–	–	1819	–
1836	18	1836	–	1837	18
1854	18	1856	20	1857	20
1872	18	1876	15	1873	16

지가 사이클 고점	주기 (년)	건축물 사이클 고점	주기 (년)	경기 사이클 고점	주기 (년)
1890	18	1892	21	1893	20
1907	17	1909	17	1918	25
1925	18	1925	16	1929	11
1973	48	1972	47	1973	44
1979	6	1978	6	1980	7
1989	10	1986	8	1990	10
2006	17	2006	20	2008	18

자료: Fred E.Foldvary, "the Depression of 2008"

2006년에 등장한 경기침체 경고

주가는 2년 더 상승했지만 결과적으로 세계경기침체를 맞이하였다.

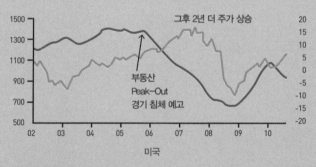

자료: Bloomberg

나는 부동산 싸게 사기로 했다

2006년 미국 부동산 가격이 peak-out한 이후 수많은 전문가들이 경기침체를 예고했다. 주가가 2년 동안 더 오르면서, 경기 침체를 예고했던 경제전문가들은 전망이 틀렸다는 평가를 받았다. 하지만 결과는 경기 침체, 그것도 대공황 이후 최악의 글로벌 경기 침체를 맞이했다. 부동산이 하락하기 시작한 것은 분명한, 아주 분명한 경기 하강 신호임에 틀림 없다.

특징 4. 오른다 오른다 하면 진짜 오른다(자기실현적 예언).

자기실현적 예언(self-fulfilling prophecy)이란 단어가 생소하게 들릴 것이다. 이는 실제 원인보다는 경제 주체들이 기대하는 대로 행동하기 때문에 결국 경제가 예상한(우려한) 방향으로 움직이게 된다는 이론이다. 1990년대 후반 한국이 다른 동아시아 대비 건전한 경제 구조를 가지고 있었음에도 불구하고 위기가 발생할 수 있다는 예상(기대)이 결국 실제로 자본 유출을 발생시키고 외환위기로까지 이어지게 했다는 설명에 이 이론을 적용할 수 있다. 쉽게 말하면 망한다 망한다 하면 진짜 망할 수 있다는 것, 반대로 오른다 오른다 하면 진짜 오를 수 있다는 것이다.

자기실현적 예언은 부동산 시장을 설명하는 데도 도움이 되는데, 미국 부동산 가격 지수를 직접 만들어서 발표하는 로버트 쉴러(Robert Shiller)의 저서 ≪비이성적 과열≫에 따르면 사람들은 가까운 과거 혹은 현재 주택 가격 추세를 바탕으로 향후 가격 상승 가능성을 낙관적으로 전망하고 이에 따라 주택을 구입하는 성향이 있다고 한다. 즉, 주택 가격 결정요인에 대한 냉정한 분석보다는 주관적 기대심리가 주택 구입을 좌우하며 이것이 주택 가격 상승폭을 확대하는 경향이 있다는 것이다.

버블이 생기는 이유

부동산 가격에 버블이 생기는 이유 역시 자기실현적 예언에서 그 단서를 찾을 수 있다. 초기의 가격 상승은 내재적 가치 변화(경제 성장, 자금 유입, 인구 확대 등)에 의한 것이지만, 부동산은 가격이 오른다고 공급이 동시에 늘지 못한다. 공급이 비탄력적, 즉 땅을 파도 아파트 입주까지는 적어도 2년이 걸리며, 토지 역시 무한대로 늘어날 수 없기 때문이다. 공급이 비탄력적이기 때문에 실제 공급이 시장에 풀리기 전까지 이미 부동산 가격은 상당 폭 상승하게 되고 이것이 투기적 수요를 끌어들이게 된다. 자산 가격의 상승 기대가

나는 부동산 싸게 사기로 했다

확산되면서 투기 수요가 증가하고, 일정 기간 동안 투기 수요는 실제 수익을 올린다. 한 발 늦게 부동산에 뛰어든 사람들이 먼저 투자한 사람들에게 수익을 안겨주기 때문이다. 이것이 반복되며 버블은 덩치를 키우게 되는 것이다. 모두가 이렇게 꽐랑귀가 된다.

상승도 빠르지만,
하락은 더 가파르다.

자기실현적 예언의 특징인 비탄력적 공급은 부동산 가격 상승과 하락의 움직임을 지수함수 형태로 만든다. 즉, 상승세가 일단 시작되면 가속도가 붙게 되고 나중에는 상상하기 어려운 수준의 상승 폭을 기록하게 된다. 오스트리아 학파 역시 부동산 가격이 지수함수와 같은 움직임을 보인다는 점을 지목한 바 있다. 일본의 부동산 가격 상승이 대표적인 예이며 버블의 막바지였던 1980년대 후반에 들어서면서 한 해 동안 가격이 50%가 넘게 오른 부동산들이 속출했다. 거의 10년 동안 변동 없던 미국 부동산 역시 일단 상승세로 전환된 이후에는 상승세가 가파르게 변화된 것이 확인됐다.

물론 상승할 때는 좋다. 문제는 하락할 때는 더 아찔한 속도로 하락하게 된다는 것이다.

지수함수와 일본 부동산 가격의 평행이론

: 자산 가격의 상승 기대 확산 → 투기 수요 증가 → 자산 가격의
상승과 수익 발생 → 추가 투기 수요 유입

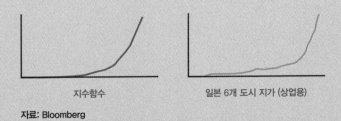

지수함수   일본 6개 도시 지가 (상업용)

자료: Bloomberg

상승도 빠르지만 하락은 더 빠르다

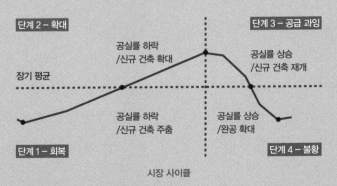

자료: Mueller, Real Estate Finance, 1995

나는 부동산 싸게 사기로 했다

특징 5. 비슷한 환경, 다른 결과를 나타낸 사례를 쉽게 찾을 수 있다.

부동산 가격에는 성장, 제도, 인구, 금융환경 등 다양한 요인들이 영향을 미친다. 성장, 제도, 금리 등 대부분의 환경이 비슷하다면 부동산 가격도 비슷하게 움직일까? 그렇다면 한국 부동산 가격을 전망하는 데 정말 도움이 되겠지만, 실제는 전혀 그렇지 않다. 비슷한 환경에도 전혀 다른 가격 추이를 나타낸 사례가 종종 발견된다.

구제해 주는 독일보다
구제 받는 그리스 부동산이 더 올랐다

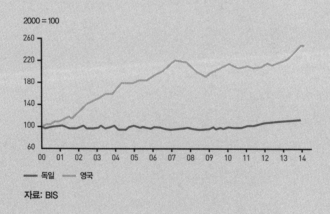

유럽만큼 주변국의 영향이 서로에게 큰 영향을 미치는 지역은

없을 것이다. 최근에는 균열 조짐이 나타나고 있지만, 20여 개국이 화폐를 통일하고 금리를 통일한 사례는 EU가 거의 유일하다. 그만큼 비슷한 경기 흐름을 보이는 것도 당연한데, 실제 국가별 유럽 부동산 가격을 보면 전혀 다른 경로로 움직인 국가들이 눈에 들어온다.

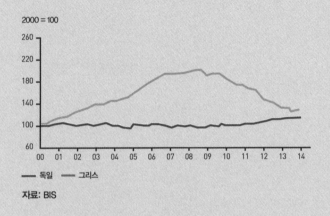

2000 = 100

자료: BIS

유럽에서 가장 강력한 경제 체력을 가지고 있는 나라는 독일이며, 최약체로 평가 받는 나라는 유럽 재정위기를 몰고 왔던 그리스다. 과연 어느 나라의 부동산 가격이 더 올랐을까? 유럽에서 가장 강한 독일 부동산은 2000년대 이후 움직임이 거의 없는 데에 반해 최근 구제금융을 재협상 중인 그리스는 8년간 80%가 넘는 상승세를 기록했다. 화폐를 다르게 쓰고 있지만 독일과 그나마 성장세가 비슷한 영국의 부동산 역시 15년간 150% 상승했다. 하나의

나는 부동산 싸게 사기로 했다

경제구역으로 묶여 있는 유럽에서조차 부동산은 국가별로 다른 흐름을 보인다. 인구, 금리 등 하나의 요인만으로 부동산의 가격 전망을 단정짓는 일은 그야말로 장님 코끼리 다리 만지기가 되지는 않을까.

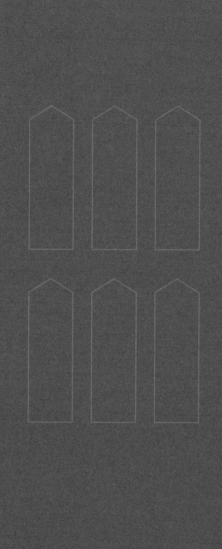

01

전세 난민 사회,
내 집 마련
타이밍을 노려라

부동산도 시장이다.
가격을 알아내기
위해서는 수요공급
법칙을 항상 염두에
두어야 한다

공급수요법칙만 지킨다면
더 이상의 실수는 없다

한국 부동산에 버블이 많지 않다는 점에서

부동산 가격이 꼭 인구를 따라 내려가라는 법만은 없다는 점에서

게다가 월세는 내 가계부를 더 빠듯하게 만들 것이라는 점에서

나는 집을 사는 것이 훨씬 나은 선택이라고 생각한다.

나의 의견에 동감한다면, 이제부터 궁금한 것은 '그렇다면 과연 언제 사야 할까'일 것이다.

가격이 제일 낮은 저점에 집을 살 수 있다는 것은 욕심이라 치더라도, 언제 사는 것이 집값이 가장 높은 꼭지를 잡는 위험을 피할 수 있을까.

우리는 2000년대 중반에 불어닥쳤던 부동산 광풍과 2009년 이

후의 부동산 공포를 생생히 기억하고 있다.

이 변곡점들을 미리 예측할 수는 없었을까?

아니다.
분명 예측할 수 있었다.
저점과 고점을 찍는 정확히 시기가 언제인지 가릴 수는 없었어도 위험은 줄일 수 있었다.

다음의 데이터는 부동산 착공건수와 가격의 전년대비 증가율을 비교한 것이다.
한국은 2000년대 이후 세 번의 어려움을 겪었다(최근의 경기 둔화가 네 번째 어려움이 되지 않기를 바란다). 그 세 번은 2004년 카드 버블 침체, 2009년 세계경기침체, 2013년 유럽 재정위기 당시였고 경기침체의 영향은 곧 부동산으로 이어졌다. 당시의 부동산은 그야말로 냉탕이었다. 전체 경기가 침체까지 겪은 마당에 부동산을 당장 팔아야 하는 시기였을까? 결과는 정반대였다. 뒤돌아 다시 생각해 보니 그 시점들은 두 눈 질끈 감고 부동산을 사야 하는 때였다.

반대로 2007년은 전세로 버티던 많은 사람들이 견디다 못해 매매계약서에 도장을 찍은 해였다. 중국 경기가 매년 10%를 훌쩍 뛰어넘는 성장을 지속했고, 한국 수출 역시 두 자릿수를 기록하는 것이 당연한 것처럼 보였다. 부동산 역시 이 온기를 이어받았고, 부동산 광풍이 이어졌다. 부동산 상승세는 꺾일 줄을 몰랐고 2007년 막바지에는 버티던 사람들이 매매 계약서에 도장을 찍었다. 하지만 뒤돌아 다시 생각해 보니 두 눈 질끈 감고 참아야 했던 때였던 것이다.

2004년, 2007년, 2009년, 2013년의 변곡점을 데이터와 함께 살펴보면 부동산 가격이 하락하거나 상승하는 데에는 일정한 공식이 있다는 사실을 깨달을 수 있었다.

앞으로 우리는 내 집 마련을 위해 예측을 하고 타이밍을 노려야만 한다. 기가 막힌 타이밍, 어떻게 잡을 수 있을까?

결론부터 말하자면 2000년대 이후 한국 부동산에 사이클을 만들었던 것은 수요가 아닌 공급이었다.

가격이 오르고 공급이 늘어나는 때는 오히려 집 사기를 피해야 하는 시기이며,

부동산 가격 상승률이 둔화 혹은 하락하며 공급이 줄어드는 때에는 오히려 눈여겨 봐뒀던 집을 사야 하는 시기라는 점, 반드시

기억하자!

< 가격이 오르면 공급이 늘어난다 → 공급이 늘어나면 가격은 하락한다 >

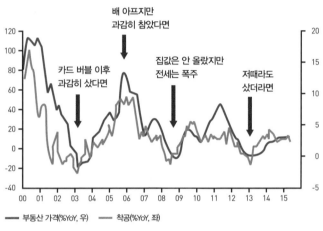

자료: 국토교통부, 통계청

실수 1.
2004년, 집을 샀다면!

2002년의 한국은 어땠을까? 대다수의 사람들이 월드컵 열기로 뜨거웠던 해였다고 기억하겠지만 동시에 경기가 차가워지기 시작했던 때이기도 했다. 급기야 카드 버블마저 터지는 바람에 부동산 가격은 2004년까지 전년대비 마이너스로 추락하는 지경에 이르렀

나는 부동산 싸게 사기로 했다

다. 2002년의 열기를 뒤로 하고 부동산을 처분해야 했을까? 경기가 차가워지고 부동산 가격이 하락하면서 부동산 공급도 자연히 동시에 줄어들었다. 당시 부동산 착공이 전년대비 -30%로 크게 줄어들면서 주택 및 건설 시장은 그야말로 냉탕이었다. 그러나 과감히 부동산을 샀다면 어땠을까. 2000년대 후반까지 이어진 부동산 호황을 내 것으로 만들 수 있었을 것이다.

실수 2.
2007년, 과감히 참았다면!

2008년까지 부동산 가격은 거침이 없었다. 혹시나 하락하지는 않을지 머뭇거리며 부동산을 사지 않았던 사람들은 바보 소리를 듣기 시작했다. 웬만한 아줌마들도 부동산 가격에 빠삭한 전문가가 되었다. 대화 주제에서 부동산은 처음과 끝, 전부를 차지했다. 적립식 펀드가 유행하며 주가 역시 상승세를 이어갔다. 그야말로 재산이 팍팍 늘어나는 시점이었을 것이다. 늦게나마 집을 샀어야 하는 시점이었을까? 알고 있는 대로 결과는 반대다. 참다못해 2007년 집주인 대열에 들어선 사람들, 특히 은행 대출을 끼고 투자용 집을 산 사람들은 상당 기간 동안 밤잠을 설치게 되었다. 그때가 소위 말하는 '꼭지'였기 때문이었다. '너 때문에 집을 샀다'며

서로를 원망했을 지도 모르는 일이다.

실수 3.
2009년, 비관적인 전망에도 불구하고 집을 샀다면!

2009년은 부동산을 포함한 글로벌 경기침체기였다. 글로벌 성장률이 마이너스를 기록했고 제2의 대공황이라는 우울함이 전 세계를 집어삼켰다. 한국의 부동산 역시 불패신화에 종지부를 찍는 시기였다.

나 역시 2010년에 결혼하면서 부동산 매매는 당연히 거들떠보지도 않았다. 하지만 이때 과감히 집을 질렀다면…… 부동산 가격으로 별 재미를 보진 못했을지라도 매번 전세금을 올려달라는 주인집의 부담스런 요구에 속앓이를 하는 일은 없었을 것이다. 다들 알다시피 신혼부부가 2년 동안 2~3천만 원을 모으기란 하늘의 별따기다. 그런데 서울 대부분의 아파트 전셋값이 기본 2~3천만 원, 많게는 5천만 원 넘게 올라버렸다. 많은 신혼부부가 아마 나처럼 부부싸움을 했을 것이다.

나는 부동산 싸게 사기로 했다

실수 4.

2013년, 이때라도 집을 샀다면!

2009년 이후에는 전셋값이 올랐지만 매매 가격이 별로 오르지 않아 그렇게까지 배 아프진 않았다. 하지만 매매 가격 하락에도 전세 가격 폭주는 그칠 줄을 몰랐다. 나 역시 전세금을 올려주는 것이 스트레스 그 자체가 되었다. 빚을 내서라도 내 집으로 시작하라는 부모님의 조언을 무시한 게 이렇게 한이 될 줄은 몰랐다.

견디다 못한 사람들이 정부의 주택경기활성화 정책을 등에 업고 매매 시장에 뛰어들었다. 나는 '저러다 후회하지'라고 생각했지만 내 예상과 달리 부동산 가격은 슬금슬금 밀려 올라가기 시작했다. 일본의 부동산 침체 사례, 인구 절벽이 다가오고 있음을 이미 알고 있던 나로서는 부동산을 지르기가 오히려 어려웠다. 하지만 일부 동네에서만 슬금슬금 오르던 집값이 지방을 시작으로 서울 대부분 지역까지 확대되었다. 지금이라도 집을 사야 하나 싶었지만 너무 많이 오른 것 같기도 하고, 한편으로는 이제까지 참은 게 억울하기도 했다. 게다가 부동산에 대해 가지고 있는 내 얕은 지식도 발목을 잡았다. 아무리 '네이버 부동산'을 들여다봤자 답은 없었다.

향후 2~3년
전세 탈출 전략은 '공급'이다

전세 탈출 단기 전망
: 공급이 답이다

"공급이 증가하면 가격이 하락하고, 공급이 감소하면 가격이 상승한다."

중학교 교과서에서도 나오는 기본원리 중의 기본이다.

그렇다면 수요와 공급 중에서 '수요가 중요할까, 공급이 중요할까?'

대부분 부동산을 사기 전 수요에 대해서는 열심히 고민하지만, 공급은 그다지 중요하게 여기지 않는다. 초등학교부터 고등학교까지 한 집에서 보낼 수 있는지, 교통은 좋은지, 주변에 공원과 대형 마트는 있는지는 집을 살 때 제일 먼저 보는 요소일지도 모른다. 이

나는 부동산 싸게 사기로 했다

것들은 모두 넓게는 수요와 관계가 있는 부분들이다. 나말고도 여기에 들어올 사람이 있는가에 관한 질문이기 때문이다.

하지만 정작 2000년대 이후 한국 부동산의 사이클을 만든 것은 수요가 아닌 공급이었다.

이는 앞으로도 마찬가지다.

앞으로 2~3년, 한국 부동산은 수요가 아닌 공급에 주목해야 한다는 점 꼭 기억하자.

부동산, 그것도 '내 집 마련을 위한 부동산'이라 하면 수요와 직결되어 있는 '교통은 어떨지', '상권은 형성될 수 있을지' 혹은 '새로운 기업이나 관공서가 들어올 가능성이 있는지' 등에 관심을 많이 둔다. 하지만 이런 종류의 확실한 정보들은 대부분 나에게까지 전달되지 않으며 심지어 정보를 접했을 때에는 안타깝게도 그 지역의 부동산 가격이 이미 오를 대로 오른 후인 경우가 태반이다.

그러나 공급은 수요보다는 쉽게 짚어낼 수 있다.

5년 혹은 10년 후의 부동산 공급 규모를 예측하긴 어렵지만 공표되는 정보를 통해 2년 후 공급이 증가할지 감소할지 정도는 충분히 파악할 수 있다.

공급 분석이야말로 집을 비싸게 구입하는 위험을 없앨 최고의
무기가 되어줄 것이다.

시작도 끝도
공급이 결정한다

누군가 '부동산 어떨 것 같아요?'라고 내게 질문한다면
'기간으로는 2016년 말까지, 지역으로는 수도권 부동산의 상승
세가 이어질 것으로 예상한다'고 답해줄 수 있다. 그 이유는 하나
다. 공급이 부족하기 때문이다.

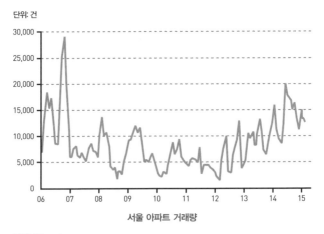

< 거래량 상승; 2006년 이후 최고치 >

서울 아파트 거래량

자료: Bloomberg

　　　　　　　　나는 부동산 싸게 사기로 했다

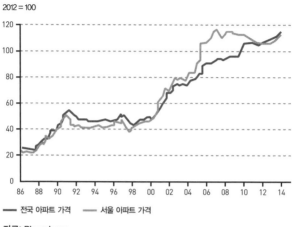

< 가격 상승; 지방에 이어 서울 아파트 가격도 상승세로 전환 >

2012 = 100

━━ 전국 아파트 가격   ━━ 서울 아파트 가격

자료: Bloomberg

최근 부동산 시장을 움직인 것
역시 '공급 부족'에서 비롯되었다

건설회사를 다니지도 않는 내가 부동산 공급에 관심을 갖게 된 이유는 2013년 이후 슬금슬금 시작된 부동산 가격 상승의 패턴이 종전과는 너무나도 달랐기 때문이다. 이번에 왜 놓쳤는지를 알아 내야, 다음에는 놓치지 않을 수 있다. 2013년 이후 나타난 부동산 가격 상승은 경제 성장이 부진한데도 불구하고 시작되었으며, 이 전과는 달리 서울보다는 지방에서 먼저 더 큰 폭으로 올랐다. 경제가 좋다고 부동산 가격이 반드시 오르진 않지만, 경기가 어려울 때 부동산 가격이 오르는 경우는 매우 드물다. 앞으로 경제 전망, 즉 내 월급 전망이 좋지 않은데 빚 내서 부동산을 살 배짱을 가진 사람은 많지 않기 때문이다. 아울러 그동안 전국 부동산 가격을 서울이 주도했던 것과는 달리, 대구에서 가장 많이 올랐다는 점도 이전과는 너무도 다른 부분이었다.

금리 인하 등 부동산 활성화 정책이 수차례 발표되었지만 얼어붙은 부동산 시장을 녹이기에는 역부족이라는 평가가 대부분이었다. 그렇다면 도대체 왜 부동산 가격이 2013년 하반기부터, 그것도 지방부터 오르게 되었을까?

< 유동성, 경기, 정책, 공급으로 본 부동산 사이클 >

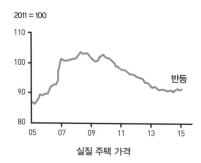

2011 = 100

실질 주택 가격

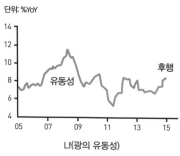

Lf(광의 유동성)

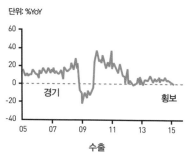

수출

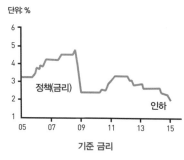

기준 금리

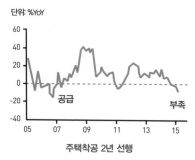

주택착공 2년 선행

자료: Bloomberg

유동성: 중요하지만 실제 부동산에서는 오히려 후행

경기: 전체 수출금액이 만 3년 넘게 횡보 중. 성장 정체

정책(금리): 정책금리 인하, 부동산 활성화 대책 수차례 발표

공급: 2014년부터 부족 국면으로 진입

전세 난민 사회, 내 집 마련 타이밍을 노려라

부동산 가격을 유동성, 경기, 정책(금리), 공급의 함수로 볼 때 이번 부동산 가격 상승에 가장 큰 영향을 미친 것은 바로 '공급 부족'이었다. 경기는 지난 3년간 정체를 벗어나지 못했으며, 갖가지 활성화 정책에도 부동산 시장을 살리기에는 비관적인 심리가 너무 지배적이었기 때문이다.

부동산 가격의 반등 시점과 맞아 떨어지는 것은 공급 감소이다. 장기간 부동산 시장이 얼어붙으면서 2013년 말부터는 전년대비 부동산 공급이 감소세로 돌아섰다. 부동산 비관론이 절대 다수인 가운데에서도 가격이 슬금슬금 오르기 시작한 시점이기도 하다.

앞으로도 2~3년은 공급이 한국 부동산을 좌우할 것이다. 경기는 데이터에서도 보시다시피 당분간 어려운 국면이 지속될 것이며 정책은 부동산 활성화 쪽을 계속해서 겨냥할 것이기 때문이다. 한마디로 지금과 달라지는 점은 수요도, 경기도, 정책도, 금리도 아닌, 공급일 가능성이 높다는 뜻이다.

나는 부동산 싸게 사기로 했다

내 집 마련 골든타임

공급에 의해 결과가 극명하게 갈리다
- 대구 집값 VS 세종시 집값

정말 수요보다 공급이 중요한 열쇠일까.

공급이 부족한 국면에 들어선 이후 부동산 가격이 반등한 것은 맞지만, 우연히 두 시점이 맞아떨어진 것은 아닌지 궁금할 수도 있다. 그렇다면 좀 더 다양한 사례로 검증해 보자.

대구와 세종시 부동산을 비교해 보면 공급이 답이라는 주장에 공감이 갈 것이다.

⑥ 대구

2013년 하반기 이후에 가장 먼저 움직인 것은 지방 부동산이었다. 약 1년 6개월여 기간 동안 부동산 가격이 가장 많이 오른 지역은 대구로서 20%에 가까운 상승을 기록했다. 기간을 5년으로 늘린다면, 대구 부동산은 거의 50% 상승했다. 전체 대구 아파트 매매 가격이 50% 상승한 것이니, 소위 노른자위 동네의 아파트 가격은 두 배 넘게 오른 곳도 있을 것이다.

대구는 2000년대 부동산 광풍에서 홀로 소외되었던 지역이기도 하다. 서울 등 수도권이 평균 30~40%의 상승세를 기록하는 가운데 대구는 대전과 함께 부동산 가격이 오히려 하락했다. '부동산의 무덤'이라는 별명까지 얻었던 대구 부동산이 전국에서 가장 많이 오른 지역이 되었다는 점은 정말 흥미로운 사례가 아닐 수 없다.

KTX 확장, 정부기관의 지방 이전 등의 재료가 있었지만 홀로 독보적인 상승세를 기록한 점은 매우 특이하다. 2000년대에는 냉탕을, 2010년대에는 온탕을 오간 셈이다. 그렇다면 7~8년 동안 대구에 어떤 변화가 있었던 것일까?

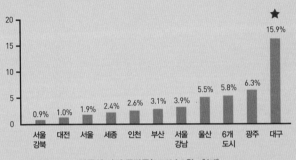

< 핫했던 지방 부동산; 2006년의 부동산 열풍과는 반대의 가격 흐름이 발생 >

부동산 가격 등락률(2013년 9월~현재)

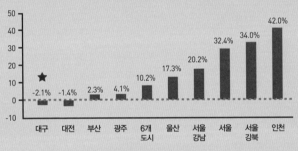

부동산 가격 등락률(2006년~2008년)

자료: 통계청

위 데이터에서 보는 바와 같이 부동산 가격 지수(서울 기준)는
2013년 9월을 기점으로 반등하기 시작했다. 약 1년 6개월여 동
안 부동산 가격이 가장 많이 오른 지역은 대구, 광주 등이다. 이는
2006년~2008년에 서울과 인천 등 수도권을 중심으로 불었던 부
동산 열풍과는 정반대이다.

수요가 변했다?

대구의 인구 수가 증가했다면, 부동산 가격은 올라갔을 것이다. 하지만 대구의 인구 순유입은 약 20여 년간 변함이 없다. 즉, 수요가 변한 것은 아니었다. 오히려 최근 대구로의 인구 순유입은 미약한 감소 추세를 보이고 있다. 전국적으로 인구 수가 의미 있게 증가하고 있는 지역은 제주도와 세종시 정도뿐이다. 물론 대구 지역에 기반을 두고 있는 자동차부품 산업의 업황이 좋은 편이긴 했지만 다른 지방 부동산보다 3배 넘는 상승 폭을 기록한 바에 관해 온전히 설명하기는 어렵다.

정치적 이슈와 함께
열쇠를 쥐었던 것은 공급 부족

짐작하는 대로 대구의 부동산 가격을 급등시킨 열쇠는 공급 데이터가 쥐고 있었다. 2000년대 중·후반 대구는 대표적인 공급 과잉 지역이었다. 급증한 공급은 전국적인 부동산 광풍에서 철저한 소외라는 결과로 이어졌다. 위에서 말한 '부동산의 무덤'이라는 별명도 과잉 공급과 이로 인한 부동산 가격 하락에서 나온 것이다. 대구는 지역 중에서도 관심을 받지 못하는 신세가 되었고, 장기간 부동산 공급은 주춤했다.

나는 부동산 싸게 사기로 했다

그러나 부동산에는 영원한 승자도 영원한 패자도 없는 것일까. 2013년 이후 반대 현상이 나타났다. 건설업체들이 대구를 외면한 덕분에(!) 대구에는 상당 기간 동안 공급 부족이 누적되었으며, 누적된 공급 부족은 전세 가격 상승과 매매 가격 상승으로 이어졌다. 부동산 가격 상승은 실수요와 투자 수요를 다시 대구 부동산으로 끌어들였고, 다시 부동산 가격 상승 폭 확대로 이어지게 되었다.

5년간 50%에 가까운 부동산 가격 상승은 대구에 지역기반을 둔 대통령 당선이라는 정치적 효과에서부터 시작되었을 수도 있다. 하지만 그럼에도 '공급 부족'이 없었다면 저렇게 장기간 큰 폭으로 오를 순 없었을 것이다.

< 냉탕과 온탕을 오간 대구; 공급의 힘을 가장 잘 보여주는 사례 >

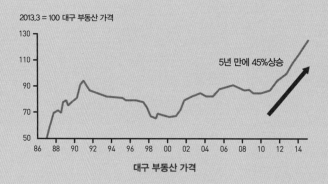

2013.3 = 100 대구 부동산 가격

5년 만에 45%상승

대구 부동산 가격

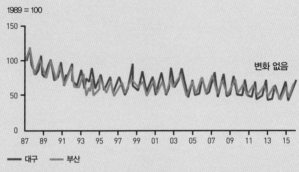

< 변화한 것은 인구가 아닌 공급이었다 >

1989 = 100

변화 없음

대구   부산

인구 순 유입

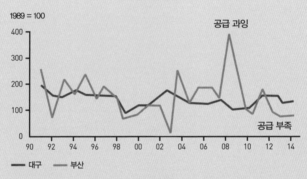

1989 = 100

공급 과잉

공급 부족

대구   부산

주택 완공

자료: 통계청

위 데이터를 살펴봤을 때 대구 부동산 가격은 지방 부동산 중
에서도 가장 독특한 흐름을 보여줬다. 2000년대 중·후반 서울 부
동산 가격이 30~40% 상승을 기록할 때 대구는 오히려 가격이 하
락했지만, 2010년 하반기 이후 5년 만에 45%의 놀라운 상승 폭을
기록했기 때문이다.

대구의 인구 순유입의 경우에는 거의 20여 년간 증가하지 않았음을 파악할 수 있다. 오히려 최근에는 인구 수가 미약하게 감소하고 있는 추세를 보이고 있다. 부동산 가격 흐름의 변화에 있어서 수요 면에서는 변화한 바가 없는 것이다.

주택 완공 데이터를 보면 2000년대 중·후반 대구는 부동산 공급이 과잉인 지역이었으나 2012년 이후 공급 부족 지역으로 변화하여 전세가 및 매매가가 상승하는 결과가 나타났음을 확인할 수 있다. 이처럼 대구 부동산 가격을 움직인 것은 다름 아닌 누적된 공급 부족이었다.

언론보도에 의하면 2015년 6월 말 기준, 아파트 값이 서울뿐만 아니라 지방 또한 $3.3m^2$당 1,000만 원에 진입했다고 한다. 대구 수성구 아파트의 경우 $3.3m^2$당 1,038만 원으로 서울 도봉구(1,013만 원) 및 금천구(1,009만 원) 매매가를 이미 넘어선 것으로 알려졌다. 부동산114에 따르면 대구 수성구 아파트의 매매 가격은 $3.3m^2$당 1,000만 원을 넘고 있는데 지방에서 아파트 값이 1,000만 원을 넘긴 적은 대구 수성구가 처음이며 부산 수영구, 해운대구도 아파트 값이 지속적으로 상승하면서 $3.3m^2$당 1,000만 원에 육박하고 있음을 설명했다.[8]

----

8) 김유영 기자(2015). "대구 아파트값 급등, 서울 도봉구·금천구보다 높아". 이코노믹리뷰. http://www.econovill.com/news/articleView.html?idxno=252707. (2015.07.08.).

⑥ 세종시

단기적인 관점에서 공급에 더 주목해야 한다는 사실은 세종시 부동산 가격 움직임에서도 다시 확인된다. 지역별 인구 유·출입에서 인구가 유의미하게 늘어나는 지역은 제주도와 세종시로 나타나는데, 제주도는 이미 알려진 바대로 여유 있는 삶을 찾아 떠나는 사람들과 중국인 투자로 부동산 가격이 하루가 다르게 오르고 있는 중이다. 그렇다면 인구가 뚜렷하게 증가하고 있는 세종시의 부동산 가격은 어떨까? 제주도처럼 올랐을까?

2014년 하반기에만 세종시에는 만 명에 가까운 인구가 유입되었다. 하지만 늘어난 인구가 무색하게 부동산 가격 상승률은 매우 초라하다. 2013년 3월 이후 만 2년간 세종시 부동산 가격은 3.3% 오르는 데 그쳤다. 행정복합도시 지정과 KTX 개통 등이 선반영된 측면이 있겠지만 본격적으로 인구가 유입되기 시작했음에도 불구하고 2년 넘게 부동산 가격이 제자리라는 점은 예상 밖이다.

나는 부동산 싸게 사기로 했다

수요보다 공급

인구 순유입(단위: 명)

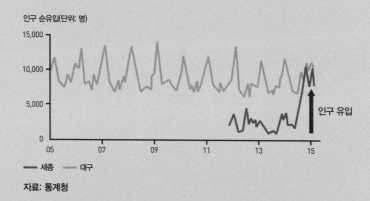

자료: 통계청

인구 추이

2014년 하반기부터 세종시 인구는 뚜렷하게 증가했다.

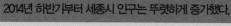

2013.3 = 100

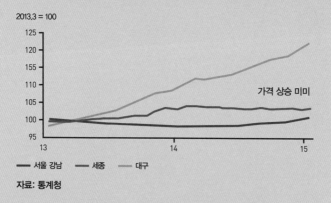

자료: 통계청

부동산 가격 추이

인구 유입이 정체된 대구 부동산은 상승을 지속했지만, 인구가 늘어난 세종시 부동산은 조용했다.

위 데이터에 의하면 수요보다는 '얼마큼 공급되었는지'가 이 지역의 부동산 가격을 좌우한 핵심 요인이었다는 판단이 가능하다. 인구가 유입되기 직전 부동산 가격이 급등세를 탔으나 입주가 시작된 후에는 오히려 오르지 못했음을 확인할 수 있다. 수요도 중요하지만 이미 공급이 많이 풀려버렸다면 부동산 가격은 제자리걸음을 할 수도 있는 것이다. 수요와 함께 공급 역시 중요하게 체크해야 할 포인트라는 점을 재확인시켜주는 사례였다.

내집마련 골든타임

데이터 활용을 통한
수도권 부동산 가격 예측

부동산에서 서울은 꽃 중의 꽃이다. 귀농과 제주도 이주가 유행이지만 전체 인구의 1/4 이상이 여전히 수도권에 살고 있다. 일자리며, 교육이며 온통 수도권에 몰려 있는 탓에 높은 집값에도 쉽사리 서울을 떠나기 어렵다. 그만큼 서울 부동산은 그동안 전국의 부동산 가격 상승 폭을 항상 큰 폭으로 웃돌았다. 하지만 2013년 이후 부동산 가격 상승에서 '버블 세븐'으로 불리는 지역은 자존심에 상처를 입었다. 그간의 상승세가 무색하게 유독 서울, 서울에서도 노른자위로 불리는 지역들의 부동산 가격 상승세가 미미했기 때문이다. 하지만 최근에 판도가 바뀌기 시작했다. 지방에서 서울로, 서울에서도 중심지역의 부동산 가격 상승세가 빨라지기 시작한 것이다.

서울 아파트 가격이 움직이기 시작한 2014년 후반기의 아파트
입주 물량은 평균 수준의 1/5, 강남 지역은 1/6 수준에 그쳤다(이
수치는 강남 재개발로 인한 멸실은 포함되지 않았다. 멸실까지 더한다면 이사할 수
있는 주택 자체의 물량은 더더욱 부족했을 것이다). 2000년대 중반 공급이
크게 늘어나고 미분양 사태로 부동산 시장이 된서리를 맞았던 것
과는 반대가 된 것이다. 서울 지역 전세 가격의 급등과 더불어 매
매 가격 상승의 원인을 짐작하기는 그리 어렵지 않다. 기-승-전-
공급이다.

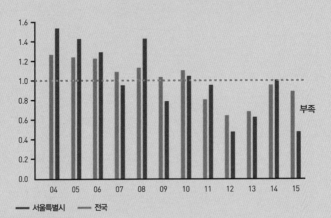

< 아파트 입주 예정 물량; 장기 평균을 크게 하회 >

자료: 국토교통부
주: 장기평균을 1로 계산한 수치

나는 부동산 싸게 사기로 했다

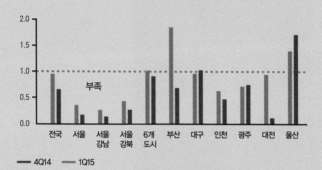

< 지역별 아파트 입주 물량; 특히 공급이 타이트한 서울 >

부족

전국 서울 서울 서울 6개 부산 대구 인천 광주 대전 울산
          강남 강북 도시

■ 4Q14 ■ 1Q15

자료: 언론보도 인용
주: 장기평균을 1로 계산한 수치

그렇다면 우리가 해야 할 일은 단 하나다. 언제까지 공급 부족 상태가 지속될 것인가를 가려내는 것이다. 만약 공급이 계속해서 부족한 상태로 지속된다면 지금이라도 두 눈을 질끈 감고 집을 사야 할 테지만, 반대로 곧 공급이 크게 늘어난다면 한 번 더 전세금을 올려주며, 혹은 반전세로 돌리면서 참아야 한다.

국토교통부가 발표하는 인허가 데이터를 참고해 시점을 짚어내 보자. 아파트의 경우 인허가 이후에 삽을 뜨기 시작하면 대략 2년 ~2년 반 뒤 입주가 시작된다. 즉, 인허가가 많다면 2년 후 시장에 풀릴 아파트 물량이 많다는 의미이며 부동산 가격도 상승세가 줄어들거나, 오히려 하락할 가능성도 높아지는 것이다. 반대로 인허가가 적다면 공급이 부족해 가격이 올라갈 가능성이 높아지는 셈이다.

서울의 경우 아파트라면 수요에 크게 집착하지 말자. 행정수도 지방이전이나 오를 대로 오른 집값을 견디다 못해 서울을 떠나는 사람들이 많다는 언론기사도 심심치 않게 나오지만, 통계로 본 서울 인구는 여전히 유입이 많다. 게다가 요즘은 빌라도 참 잘 지어서 살기 좋지만 아직은 대다수의 사람들이 아파트를, 그것도 대단지를 선호한다.

< 서울의 인구 순유입 >

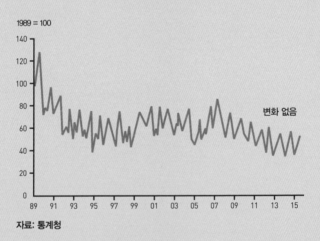

자료: 통계청

나는 부동산 싸게 사기로 했다

인허가 물량으로
2년 후 부동산 가격을 예측하라

'인허가 통계'라는 것을 가지고 부동산 가격을 예측할 수 있을까?

많은 사람들이 인허가 물량만으로 주택 가격의 방향을 읽어낼 수 있는지 의심을 품을 수 있다. 물론 6개월~1년 단위의 짧은 기간을 집어내기는 어렵다. 다만 집값을 밀어올리는 힘이 강한지, 찍어 누르는 힘이 강한지 알아내는 데에는 인허가 통계가 '충분히' 유용하게 쓰일 수 있다.

서울을 예로 들어 보면 인허가 물량의 가격 예측력이 생각보다 뛰어나다는 사실을 그림으로 표현할 수 있다. 다음은 인허가 물량과 가격을 가공해 나타낸 데이터다. 인허가 물량을 뒤로 2년 당겨서(후행해서) 그린 것과 가격 데이터를 비교해 보면 인허가 물량이 대략의 가격 방향성을 짚어내고 있음을 확인할 수 있다(편의를 위해 인허가 물량을 뒤집어 축이 거꾸로 되도록 표시했다). 두 데이터가 위로 올라가면 공급이 부족해 가격 상승으로 이어졌음을 나타내고, 두 데이터가 아래로 내려가면 공급이 늘어나 가격을 누르는 힘이 커져 부동산 가격이 하락하게 됨을 나타낸다. 1990년대 후반 아시아 외환위기 직후를 제외하면 실제 인허가 물량의 추이는 가격의 방향성과 거의 동일하게 진행돼왔다.

2016년에는 수도권 부동산의 공급이
부족해져 가격은 계속 밀려 올라갈 것이다

2016년에는 공급이 더욱 줄어들고 가격을 밀어 올리는 힘이 이어질 것이다. 데이터가 나타내는 바와 같이 인허가 물량으로 본 2016년 아파트 공급은 2015년에 비해 더욱 적기 때문이다.

< 2016년까지 지속될 서울 부동산 상승세 >

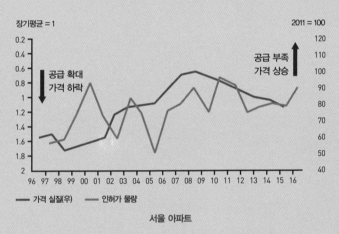

서울 아파트

자료: Bloomberg

해석하는 방법:

인허가 물량 확대 → (2년 반 뒤) 가격 하락 압력 ↑

인허가 물량 감소 → (2년 반 뒤) 가격 상승 압력 ↑

나는 부동산 싸게 사기로 했다

이는 2016년 말까지 서울 부동산 가격의 상승세가 이어질 것으로 보는 가장 강력한 근거이다. 최근에 봇물 터지듯 분양이 일어나고 있지만 최소 2017년부터 입주 가능하다. 전세 살고 있는 나로서는 속이 타지만, 2016년까지 공급 부족과 월세로의 전환이 전세 가격을 밀어 올리고 일부 실수요자들과 투자자들이 부동산 매입에 나서는 순환고리가 지속될 것으로 보인다.

2017년 이후에는?
미분양 뉴스가 나올 때까지 기다리자

2016년까지 부동산 가격이 오른다는 것은 어찌 보면 반가운 일이다(경제 분석으로 밥 먹고 사는 입장에서 부동산 가격 하락 이후의 한국 경제란 생각만 해도 머리가 지끈지끈하기 때문이다). 다시 개인의 입장으로 돌아와 보자면, 1~2년 남짓의 전망만을 가지고 목돈을 투자할 순 없다. 2017년 이후의 그림 역시 필요하다.

가격이 오르면 공급이 늘어난다

↓

공급이 늘어나면 가격은 하락한다

공급 부족을 이유로 2016년 말까지 부동산 가격 상승이 지속될 것을 예상했다.

그렇다면 2년 후에는?

안타깝게도 2017년 이후에는 한국 부동산이 다시 조정기로 접어들 것을 예상한다. 최근 분양 증가는 2017년 이후 공급이 늘어날 것을 예고하고 있기 때문이다.

전국적으로는 2016년부터 공급이 늘어나면서 부동산 가격 상승세는 탄력이 둔화될 것이며, 그 와중에도 선방했던 수도권 부동산 역시 2017년에 접어들면서 상승세가 둔화 혹은 하락세로 전환될 가능성이 높다. 2015년 연간 분양 예정 물량을 비교해 보면 전국의 경우 2016년부터 공급이 확대되고 수도권 지역의 경우 2017년부터 공급 확대가 점쳐진다. 특히 2015년 수도권 지역의 분양 물량은 전년도에 비해 56% 늘어난 13만 2,500가구이다. 2017년부터 수도권 지역의 아파트 공급 물량은 전년대비 50%에 육박한 수준으로 늘어나게 된다는 얘기다. 저 정도면 아파트 공급은 쏟아진다는 표현이 더 맞을지도 모르겠다.

< 아파트 공급이 늘어나며 가격을 누를 것이다 >

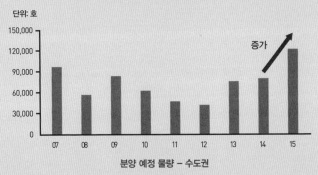

분양 예정 물량 – 수도권

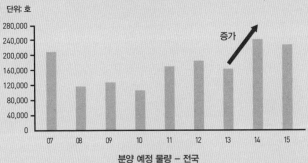

분양 예정 물량 – 전국

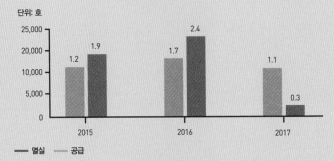

강남 4구 주택수급전망

자료: 언론보도

아울러 상징성이 큰 강남 부동산의 경우 2016년까지는 공급 부족이지만 재개발 물량에 입주가 시작되면서 2017년부터는 공급 우위로 돌아서며 전세가 역전될 것이다.

공급 부족으로 밀려 올라갔던 부동산 가격 상승세 역시 주춤할 가능성이 높아질 것이다. 살아나는 듯 보였던 부동산 경기는 2017년 공급 확대와 함께 다시 소강 국면 혹은 하락세로 재진입할 공산이 크다. 부동산 가격의 재하락은 일시적이나마 긍정으로 바뀌었던 부동산 심리를 부정 혹은 공포로 순식간에 바꿔놓을 것이다. 하지만 데이터를 보며 다시 냉정해지자. 이 시기야말로 부동산을 사야 하는 기회가 될 것이다.

당장 전세금을 올려줘야 하는 사람들에게 여간한 스트레스가 아니겠지만, 한 번 더 참으면 집을 살 기회가 또 온다. 뉴스에서 미분양 소식이 들릴 때를 기다리자.

그리고 다시 한 번 더 우축의 데이터를 꺼내 보자. 착공이 전년 대비 마이너스로 추락했던 시점은 부동산에 대해 모두 비관적일 때였지만, 부동산을 사면 좋았을 시기이기도 했다. 착공 데이터가 전년대비 감소로 떨어지면 그때는 오히려 좀더 적극적으로 부동산을 알아봐야 하는 시기인 것이다.

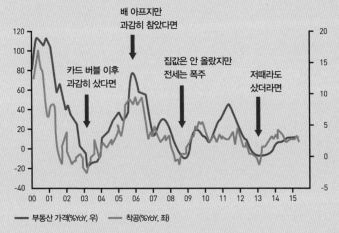

부동산 가격(%YoY, 우) ── 착공(%YoY, 좌)

02

내 집 마련
실전 가이드

월급쟁이들에게 유용한
부동산 부의 방정식
: 공급 데이터, 손에서
절대 놓지 마라

집 싸게 사는 데이터 직접 찾아보기

무기로 갖춰야 하는 '데이터' 찾는 법을 소개한다.

데이터라고 하면 뭔가 전문적이고, 해석하기 어려운 것이라고 생각할 수도 있지만 전혀 그렇지 않다.

국토교통부는 부동산 관련 정책 및 통계를 총괄하는 부처이며, 지역별·유형별·규모별로 매월 인허가 물량을 발표하고 있다.

STEP 01.

웹사이트 국토교통 통계누리(https://stat.molit.go.kr/portal/main/portalMain.do)에 접속한다.

STEP 02.

메인 페이지의 '2. 주택·토지'에서 〉'주택'과 〉'토지' 중 주택 탭을 클릭하면 '주택건설실적통계(인허가)'가 나타난다.

STEP 03.

'주택건설실적통계(인허가)'를 선택하면 통계표가 나타나며 오른쪽 메뉴 '통계표명'에서 부문별·규모별·지역별 인허가 상황을 파악할 수 있다.

집 싸게 사는 데이터
쉽게 찾아보기

숫자가 잔뜩 나오는 화면이 부담스러울 수 있다.

그런 분들에게 추천하는 방법은 국토교통부의 보도자료를 활용하는 것이다(국토교통부→국토교통부뉴스→보도자료).

국토교통부는 매월 25일경 인허가 실적 및 착공, 분양, 준공에 관한 보도자료를 공개한다. 이 보도자료로 공급이 늘어나고 있는지 혹은 주춤한지 아니면 줄어들고 있는지에 대한 대략의 트렌드를 파악할 수 있다.

대부분 신문기사들이 이 보도자료를 인용하기 때문에 뉴스 검색만으로도 공급이 늘고 있는지 줄고 있는지를 가늠할 수 있다. 다만, 뉴스는 전체 지역을 다루기보다는 특정한 움직임이 있을 때 기

사화되기 때문에 내가 살고 있는, 혹은 관심 있는 지역을 체크하고
싶다면 전체 보도자료를 점검할 것을 권한다.

STEP 01.

웹사이트 국토교통부(http://www.molit.go.kr)에 접속한다.

STEP 02.

메인 페이지 상단에 '국토교통뉴스'를 선택하면 왼쪽 메뉴에 '보
도자료'란이 있다. 보도자료에 여러 가지 통계가 보기 좋게 비교
돼 있다. 그래프나 표 등으로 정리돼 있는 데이터의 경우 국토교
통부 웹사이트에서 소개하고 있는 내용과 동일하다.

나는 부동산 싸게 사기로 했다

STEP 03.

주택인허가 관련 보도자료는 '상반기 주택인허가 30만호로 전년 동기대비 36.4%로 증가' 식의 제목으로 제공되고 있으니 참고하자. 보도자료란에는 인허가 이외에도 미분양, 주택가격, 임대동향 등 다양한 정보가 나타나 있다.

STEP 04.

참고할 만한 데이터를 선택하면 아래와 같이 자료를 확인할 수 있다.

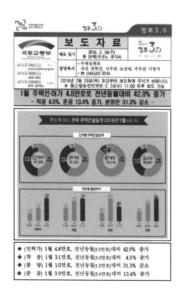

LTV, DTI
쉽게 계산하기

은행이자가 낮아졌다고는 하지만, 은행 문턱은 여전히 낮지 않다. 내야 할 서류도 많고 써야 할 서류도 많다. 규제 감독이 강화돼서 이제는 통장 하나 만드는 데에도 시간이 꽤 걸리니, 대출은 두 말 할 것도 없다. 게다가 더 노심초사하게 만드는 것은 대출한도다. 내가 생각한 한도대로 대출을 받을 수 있을 것인가를 기다릴 때는 마치 최후의 심판을 받는 듯한 기분마저 들게 한다.

LTV, DTI는 신문에 하도 나와서 익숙해졌을 법한 용어들이지만 개념과 함께 쉽게 계산하는 방법을 소개한다.

LTV는 Loan to Value ratio. 집값 대비 대출을 받을 수 있는 한도를 뜻하고

나는 부동산 싸게 사기로 했다

DTI는 Debt to Income ratio. 소득 대비 원금과 이자를 합한 상환액의 한도를 정해놓은 것을 의미한다.

연소득 3,000만 원인 사람이 1억짜리 아파트를 사려고 한다면 70% LTV로는 7,000만 원까지 대출이 가능하지만, DTI까지 감안할 경우에는 3,200만 원(30년 상환, 이자율 3%, 신용도 '중' 기준) 정도밖에 대출 받지 못할 수도 있다. 빠듯하게 계산기를 두들겼다가는 마음에 드는 집을 눈앞에서 놓쳐버릴 수도 있는 일이다.

집값에 대략 70%를 곱하면 되는 LTV와는 달리, DTI는 소득과 이자율, 기존 대출의 원금 및 이자, 상환기간에 따라 크게 달라진다. 금융감독원에서는 대충이나마 DTI를 계산할 수 있는 'DTI 계산기'를 제공하고 있다(http://consumer.fss.or.kr/fss/seomin/service/fun/popup_cal/cal04.jsp). 소득, 이자율, 기존대출원금 등을 입력하면 대출 가능금액이 계산되어 나온다. 대강이나마 대출한도를 가늠하는 데 유용하게 쓰일 만하다.

< 금융감독원에서 제공하는 DTI 계산기 예시 >

나는 부동산 싸게 사기로 했다

내 집 마련 골든타임

평형별·지역별로
쪼개 본 부동산 공급 현황

국토교통부에서 제공한 데이터를 기반으로 평형별·지역별 인허가 물량을 정리해 보면 다음과 같은 두 가지 특징을 뽑아낼 수 있다.

1. 소형 평형의 공급 확대
2. 서울, 인천, 부산 지역의 상대적 공급 부족

소형 평형을 선호하는 것은 앞으로도 지속될 트렌드지만 그동안의 공급이 소형 평형에 너무 치우쳐 있었다. 아이들이 성장하고 책상이라도 하나 더 놔주기 위해서 중대형 평형으로의 이사를 누구나 한 번쯤 고민해 봤을 것이다. 1인 가구, 저출산 등으로 소형 평형의 강세는 지속될 예정이나 그간의 공급 부족을 감안해 봤을 때 소외됐던 중대형 평형 역시 기회가 있어 보인다.

지역별로는 수도권 이외 지역의 공급 확대가 두드러진다. 공급 데이터상 향후 공급이 풀리더라도 서울, 인천, 부산 지역의 가격 하락 압력이 상대적으로 적어 보인다. 최근 분양이 늘고 있지만 2016년 말까지는 공급이 부족한 국면에 머무를 것이기 때문이다.

< 전국 및 서울권 평형별 주택 공급 현황 >

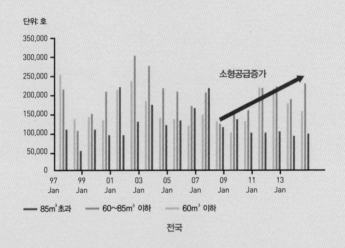

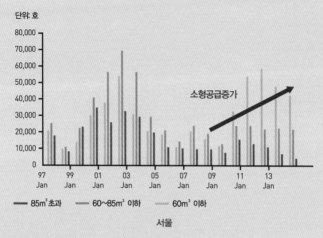

단위: 호

소형공급증가

— 85m² 초과   — 60~85m³ 이하   — 60m³ 이하

서울

자료: 국토교통부

위 데이터와 같이 85m²를 넘어선 평형의 공급이 여전히 부족한 가운데 소형 평형의 공급 확대가 계속되고 있으며 또한 중대형 평형에 기대를 걸어도 될 것으로 보인다.

< 지역별 공급 현황(단위: 만 호) >

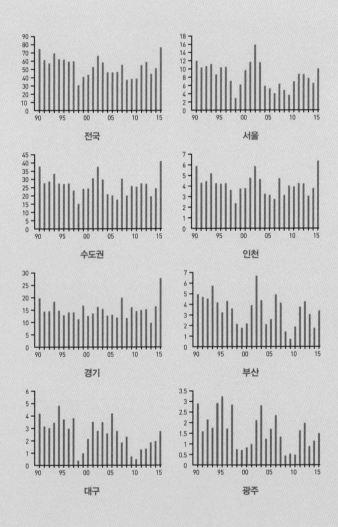

나는 부동산 싸게 사기로 했다

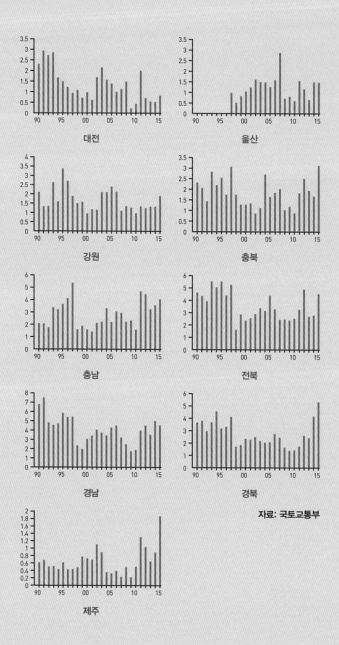

대전

울산

강원

충북

충남

전북

경남

경북

자료: 국토교통부

제주

서울 및 인천: 2016년부터 전국적으로 공급이 늘어나는 가운데, 많은 사람들이 궁금해 하는 서울 및 인천 등 수도권의 부동산 공급은 2016년까지도 크게 늘지 않는다. 이 말을 해석해 보면, 2016년부터 전국 부동산 가격의 상승세는 둔화되지만 서울이나 인천 등 수도권 지역의 상승세는 계속해서 이어질 가능성이 높다는 뜻이다.

경기도: 인천 부동산 가격이 상대적으로 안전해 보이는 반면, 경기도 전체로 하면 부동산 공급은 2016년부터 크게 늘어나게 된다. 김포를 중심으로 한 신도시 공급 확대가 주요 요인일 것이다. 지하철 연장 등 부동산 입장에서는 가격이 오를 만한 뉴스들도 눈에 많이 띄지만, 단기적으로는 경기도 전체의 부동산 가격 상승세가 주춤할 가능성이 높다.

울산과 대구: 이전에 비해 부동산 공급이 두드러지게 확대되었던 지역이 울산과 대구이다. 꾸준한 공급 증가에도 가격 상승세가 지속되었지만, 곧 이러한 상승세는 마무리될 가능성이 높다. 공급이 크게 늘어 부담이 될 것이며, 해당 지역의 경기를 이끌어온 조선, 자동차 부품 등이 고전하고 있기 때문이다. 최근 해당 업종의 일감이 크게 떨어지고 있다는 뉴스를 보면, 울산과 대구 등의 경기역시 위축될 가능성이 높아진 셈이다.

나는 부동산 싸게 사기로 했다

부동산 가격 예측에
필요한 필수 Tip

30개월 주기로

부동산이 움직이는 이유

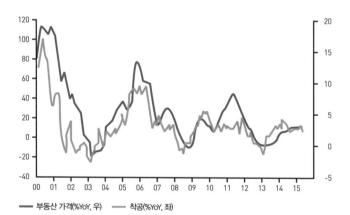

━━ 부동산 가격(%YoY, 우) ━━ 착공(%YoY, 좌)

자료: 국토교통부, 통계청

부동산 가격과 착공은 2~3년 사이클로 움직인다. 이는 아파트를 짓는 데 2년 가량 걸린다는 점과 관련이 있다. 아파트 가격 상승은 착공 증가로, 공급 증가는 가격 하락으로 이어지기 때문이다. 실제로 착공 데이터와 부동산 가격은 놀랍도록 같이 움직인다.

< 부동산 가격과 착공 간의 상관관계 >

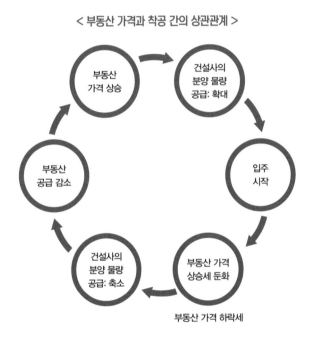

생각해 보면 당연한 일이기도 하다. 가격이 올라가면 건설사 입장에서는 공급을 늘릴 이유가 확실해진다. 가격 상승 초기에는 분양 물량에 프리미엄이 붙으며 부동산 가격 상승을 더욱 부채질한

나는 부동산 싸게 사기로 했다

다. 하지만 알다시피 상승세는 계속될 수 없다. 차츰 수요가 소진되며, 가격 상승세는 둔화되고 때에 따라서는 하락세로 전환된다. 건설사는 공급을 줄이고 수요 곡선과 공급 곡선은 다시 새로운 균형을 만든다. 줄어든 공급은 다시 가격 상승 압력을 높이는 시기를 준비하며 위의 순서가 다시 반복된다.

뉴스에서 부동산 소식이 한참 흘러나올 때는 분양이 이미 늘어나 있을 가능성이 높다. 바꿔 말해 가격이 추가로 상승할 가능성은 그만큼 줄어들어 있을 때라는 의미이다. 비싸지 않은 시기에 집을 사기 위해서는 착공이 줄어들어 있는 시기, 특히 전년대비 마이너스로 착공이 줄어들어 있는 시기가 적기다. 그때 뉴스에서는 아마도 '미분양 우려' 등의 타이틀을 단 기사들이 나올지도 모르겠다. 미분양 뉴스는 바로 부동산을 본격적으로 알아봐야 하는 시기가 왔음을 알려주는 신호가 될 것이다. 앞으로도 비슷한 패턴이 반복된다.

주택 구입을 미뤄뒀던 월급쟁이들, 미분양 뉴스를 잡아라

최근 주택 구입에 실수요자들이 뛰어드는 현상이 이어지고 있다. 결혼 5~6년차 혹은 30대 중·후반부터 40대 초반에 이르는 사람들이 주택 구매자의 상당 부분을 차지하는 것으로 알려지고 있다. '그래도 아직 많은 사람들이 전세일 텐데……'라고 생각했지만 어느 순간 생각보다 많은 동료들이 집주인이 되어 있었다. 하나둘 태어난 토끼 같은 자식들과 앞으로의 교육을 생각해 안정적인 주거 기반을 마련하고자 하는 욕심 아닌 욕심은 뿌리치기 힘들기 때문이다.

그간 주택 구입을 미뤘던 실수요자들의 주택시장 유입은 당분간 이어질 것이다. 하지만 영원할 순 없다. 통상 주요 주택 구입 연령은 35~54세이다. 아무리 은행의 힘을 빌린다 하더라도, 집을 사려면 일정 수준의 소득이 뒷받침되어야 하는 것은 당연하다. 게다가 대출 시 소득증빙을 더욱 강화하는 정책이 발표되었다. 빚을 내서

나는 부동산 싸게 사기로 했다

집을 사는 것은 점점 더 까다로워질 것이다.

  연령별로 뽑아본 고용 데이터는 매우 우울하기까지 하다. 2008
년 글로벌 금융위기 이후 35~39세, 25~29세 고용은 15%가량 감
소했고 그나마 나았던 30~34세 고용도 최근 감소세로 돌아섰다.
위기에도 불구하고 오히려 늘어났던 40~44세 고용 역시 최근 감
소세에 있으며 그 각도는 매우 가파르다. 인구 전망까지 가지 않아
도, 주택 구입을 미뤄뒀던 사람들이 유입된다 하더라도, 수요 측이
너무 약하다는 것을 알 수 있다. 2017년 이후 부동산 가격의 조정
을 예상하는 이유이기도 하다.

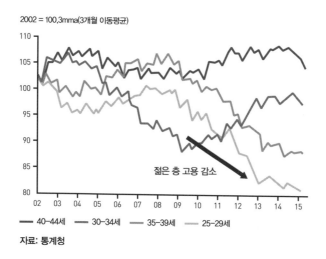

< 고용 데이터는 우울하다 >

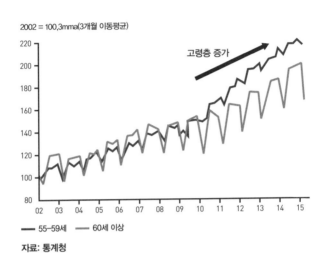

< 고령층 고용만 꾸준히 늘고 있다 >

2002 = 100,3mma(3개월 이동평균)

고령층 증가

━━ 55-59세 ━━ 60세 이상

자료: 통계청

고용률이 증가하고 있는 세대는 아이러니하게도 55세 이상 연령 대에 집중되어 있다. 한국 부동산의 평균 주택 소유 연령은 전국 50세, 서울 51.6세다.

기다리고 기다리던
'미분양' 뉴스가 뜰 때까지

예상대로 2017년 부동산 가격이 하락세로 접어든다면 부동산에

나는 부동산 싸게 사기로 했다

대한 비관적인 심리는 걷잡을 수 없을 지경이 될 지도 모른다. 그렇지 않아도 한국이 일본처럼 될 수 있다는 우려가 기정사실화되어 있는 상황에서 집값 하락의 충격은 장기 불황을 주장하는 사람들에게 더욱 힘을 실어주게 될 것이다. 〈분석의 출발은 이해: 절대 놓쳐서는 안 될 부동산 특징 BEST 5〉에서 살펴봤던 네 번째 특징 '자기실현적 예언'을 떠올려 보자. 가격이 떨어진다 떨어진다 하면서 하락세를 키우고, 다시 대다수의 사람들을 팔랑귀로 만들어버리게 될 것이다.

하지만 이때부터가 시작이다.

명심하자.

아주 냉정하게! 살고 싶었던 동네의 부동산 가격을 자주 체크해야 한다.

2004년 카드 버블이 터지고 부정적인 뉴스가 쏟아졌을 때, 2009년 부동산 불패가 깨지며 모두를 당황시켰을 때, 이 '때'가 곧 부동산 매수의 적기였음을 잊지 말자.

지금까지 부동산을 '공급'으로 풀어 봤다. 2017년이 되면 미분양 뉴스를 기다려야 한다. 건설사 입장에서의 '미분양'은 추진하고 있었던 개발계획을 미뤄야 하는 아픈 소식이다. 2008년 금융위기 이후 3년 넘게 분양이 크게 줄었던 것과 마찬가지로 2017년 이후 분양 역시 눈에 띄게 줄어들 것이다. 무시무시한 기사들이 쏟아져 나오겠지만, 미분양 뉴스는 향후 부동산 가격의 상승을 준비하는 기간이 시작되었음을 알리는 신호라는 것을 잊지 말자. 프리미엄을 붙이고 샀던 분양 물량이 다시 미분양으로 돌아서면 그때부터는 차분히 매수를 고민하자.

내 집 마련 골든타임

2017년 이후 부동산 가격
과연 얼마나 빠질까?

2017년 이후
부동산 가격은 얼마나 하락할까?

　부동산 가격이 폭락하기보다는 오히려 상승할 가능성이 높다는 분석 내용에는 수긍이 가지 않더라도, 2017년 이후 부동산이 과연 얼마큼 빠질 것인가는 모두 궁금해 할 부분일 것이다. 10년 주기의 금융위기설, 한국 가계부채 리스크 등을 감안하면 부동산 폭락을 우려하는 시각에 대해서도 일정 부분 공감 간다. 하지만 나는 오히려 2017~2018년을 부동산 매수의 시기로 계획하고 있다. 오히려 '얼마큼 하락하면 집을 사는 시점일까'에 대한 감을 잡는 것이 더욱 중요한 문제인 것이다.

예측이 어려워도
단서는 분명히 있다

단서 1

1997년 외환위기는 그야말로 유례없는 일이었다. 고등학생의 신분으로 부모님의 우산 아래 있던 나였지만, 환율이 두 배가 넘고 줄을 서서 금을 모으던 그때를 나 역시 생생히 기억한다. 그렇다면 다시 질문을 바꿔 보자. 2017년 이후의 경제가 외환위기 당시보다 더 힘들 것이라고 생각하는가? 2017년 이후의 경기흐름이 두렵기는 하지만 나라가 망한다고 했었던 IMF 외환위기만큼일까? 나 역시 한국 경제가 상당기간 어려움을 겪을 것으로 생각하지만, 구제금융을 받았던 외환위기만큼은 아닐 것으로 생각한다.

그렇다면 구제금융을 받았던 외환위기 당시보다 부동산 가격이 더 크게 하락하기 어렵다는 추측을 할 수 있다. 외환위기 당시 부동산 가격의 하락 폭이 앞으로 부동산의 저점을 잡는 중요한 단서인 셈이다.

나는 부동산 싸게 사기로 했다

IMF 외환위기 당시 한국 부동산 가격은(전국 아파트 평균 매매가격지수) 14% 하락했다. 실질로 환산한(물가를 감안한) 부동산 가격은 19% 하락한 셈이었다. 한국 경기가 앞으로 상당 기간 어렵다 하더라도 IMF 외환위기만큼은 아닐 거라는 생각에 동의한다면, 부동산 가격이 10% 넘게 하락하는 공포스러운 시점이야말로 부동산 매수를 냉정히 고려해야 할 때다.

단서 2

두 번째 단서는 2008년 세계경기침체다. 당시 세계 경제는 1930년대 대공황 이후 처음으로 세계 성장률이 마이너스를 기록한 유례없는 시기였다. 리먼 브라더스 등 세계적인 증권사가 하루아침에 문을 닫았고, 주가는 곤두박질쳤다. 증권사 리서치센터에 근무하며 미국 증시가 개장하는 밤 10시 30분이 두려웠고, 한국 증시가 개장하는 9시는 더 두려웠던 기억이 생생하다.

전 세계가 마이너스 성장률을 기록했던 2008년 세계경기침체 이후 한국의 부동산 가격 하락 폭은 5% 내외, 실질로는 15% 수준이었다. 또 다시 전 세계가 마이너스 성장률을 기록한다면 판단은 달라져야 하겠지만, 전국 부동산 매매 가격 지수가 5% 이상 하락한다면 이 역시 부동산을 적극적으로 알아봐야 하는 시기가 될 것이다.

< 실질 VS 명목 부동산 가격 추이 >

실질주택가격

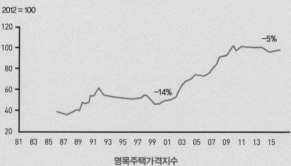

명목주택가격지수

자료: Bloomberg

나는 부동산 싸게 사기로 했다

2020 부동산 가격 장기 전망

부동산 가격의 장기 전망이 가능하기는 한 걸까?

충분히 우려먹은 미국, 일본 대신

저 멀리 영국, 뉴질랜드, 대만의 부동산이

예상외의 힌트를 줄 것이다.

01

영국, 뉴질랜드, 대만에서
찾아본 한국 부동산의
장기 전망

불확실한
장기 전망보다는
현실적인
케이스 스터디로
답을 찾아보자

2020년 그 이후의
부동산 이야기

지금까지의 여정으로 2017~2018년까지의 그림은 대략적으로 윤곽을 잡을 수 있었다. 2016년에도 부동산 가격 상승세는 지속될 것이나 지방의 경우 상승 탄력은 크게 둔화될 것이다. 2017년 이후에는 수도권을 중심으로 공급이 확대되며 가격이 하락할 가능성이 높으며 이때가 부동산을 살 기회가 될 것이다. 하지만 그 이후는 감을 잡기 어렵다. 부동산에 버블이 적기 때문에 경제가 성장하고 물가가 올라가는 만큼 완만하게 부동산 가격이 올라갈 것을 예상하지만, 그 이상은 가늠하기 어렵다.

나도 밥벌이로 한국의 장기 성장 전망 등을 가끔 하지만, 내 분석 결과를 강하게 주장하지는 않는다. 장기 전망이야말로 틀리기 딱 좋은 분야이기 때문이다. 대략의 감은 있지만, 감에 내 전 재산을 베팅할 수도 없는 노릇이다.

그래서! 불확실한 장기 전망을 하기보다는 장기 그림에 힌트를
줄 만한 사례들을 공부하는 편이 부동산 투자에 도움이 될 것이
다. 정말 혼신을 다해서 전망을 한다 해도 장기 전망은 그야말로
장님 코끼리 다리 만지기가 될 수도 있기 때문이다.

< 시기별 부동산 전망 및 주요 변수 >

연도	내용
2015~2016	공급 부족과 가격 상승 분양 프리미엄 상승과 매매 가격 상승의 선순환 전세 폭주의 지속
2017~2018	공급 확대와 가격 조정 다시 한 번 맞는 찬물 세례
2019~	장기 그림에 대한 힌트 인구도 통일도 아닌, 화교 자본

그래서! 부동산에 대해 내가 가지고 있는 통념을 깨준 사례를
공유하고자 한다. 우리가 가볼 나라는 충분히 우려먹은 일본과 미
국이 아닌, 영국, 뉴질랜드, 대만이다.

나는 부동산 싸게 사기로 했다

주식보다 부동산이 핫한 나라

영국, 뉴질랜드, 대만: 마스터키는 외국 자본의 유입 여부가 쥐고 있다

한국과는 너무나도 멀어 보이는 영국, 뉴질랜드, 대만 부동산을 소개하는 이유는 이들 나라의 부동산 가격이 주식보다도 더 핫했기 때문이다. 정말 보기 드문, 이례적인 케이스들이다. 물론 한국 부동산이 앞으로 주식보다 더 큰 폭으로 상승할 것이라는 허무맹랑한 주장을 하는 것은 아니다. 이들 나라의 부동산을 이다지도 큰 폭으로 상승하게 한 이유를 찾아보고, 한국 부동산의 장기 그림을 그리는 데 힌트를 얻을 수 있을지 살펴보자는 것이다.

< 익숙한 부동산 및 주가 데이터; 일본, 미국, 한국 >

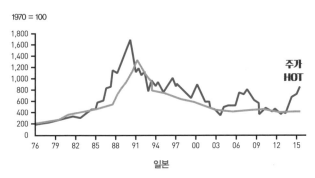

1970 = 100

일본

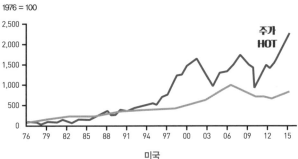

1976 = 100

미국

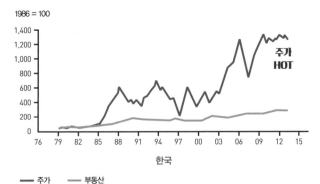

1986 = 100

한국

■■■ 주가　■■■ 부동산

자료: BIS, Bloomberg

나는 부동산 싸게 사기로 했다

< 주식보다 부동산 상승 추이가 더 큰 사례; 영국, 뉴질랜드, 대만 >

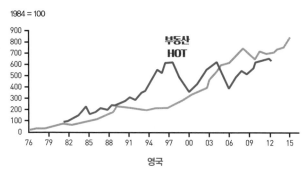

1984 = 100

부동산
HOT

영국

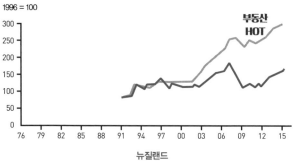

1996 = 100

부동산
HOT

뉴질랜드

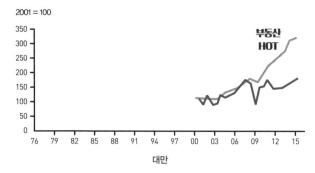

2001 = 100

부동산
HOT

대만

━━━ 주가   ━━━ 부동산

자료: BIS, Bloomberg

영국, 뉴질랜드, 대만에서 찾아본 한국 부동산의 장기 전망

영국, 뉴질랜드, 대만은 한국과도 멀지만 세 나라 간 공통점도 크게 없어 보인다. 같은 대륙도, 같은 문화권도 아니기 때문이다. 유일한 공통점은 부동산 가격이 크게 올랐다는 정도이다. 이 세 국가의 부동산 가격이 많이 오른 이유를 결론부터 공개하자면, 바로 성장도 인구도 아닌 '외국 자본의 유입'이다.

뒤에서 자세히 얘기하겠지만, 내가 다른 나라의 부동산 가격 움직임에 관심을 갖게 된 것은 대만 부동산 데이터를 본 이후부터였다. 주식시장에서 대만은 한국과 많이 비교되었던 라이벌이었다. 1인당 GDP, 수출주도형 경제, IT 산업 발달, 노령화 등 여러 면에서 한국과 비슷한 점이 많았기 때문이다. 대만의 주요 성장동력이었던 IT 산업은 한국에 밀려버렸지만, 오히려 대만 부동산은 5년 내에 2배가 넘는 상승을 기록했다. 대만 내부에서도 일본식 불황에 대한 우려가 있었던 것을 감안하면 그야말로 반전 중의 반전이었다. 홍콩으로부터의 이민, 위안화 거래 확대에 따른 중국 본토 자본의 유입이 본격화되며 대만 부동산 가격은 그야말로 급등세를 연출했다. 외국 자본 유입이 얼마나 극적인 결과를 가져올 수 있는지를 보여주는 단적인 예라고 할 수 있다.

유럽 부자라면 갖고 있어야 할 필수 아이템,
영국 부동산

영국부터 가 보자. 영국은 부동산 가격의 상승률 자체가 글로벌 상위 수준인데다가 2008년 전후를 제외하면 거의 한 번도 조정 받지 않은 국가이다. 영국의 부동산 가격이 꾸준하게 상승한 데에는 '꾸준한 인구 유입', '사회보장주택의 공급 감소', '수차례 도입된 부동산 활성화 정책'이 영향을 미쳤다. 수요 확대와 공급 감소, 정책적 부양 등 삼박자가 고루 맞아떨어진 셈이다. 하지만 6천만 명의 영국 인구, 8백만 명의 런던 인구만으로 계속된 부동산 가격 상승세를 지지하기는 어렵다.

영국 부동산 가격 상승의 뒤에는 2000년대 이후 대거 유입된 중동, 중국, 러시아 자본이 있었다. 돈이 유입되는 데에는 장사가 없다. 외국 자본이 유입되며 부동산 가격은 가파른 상승세를 탔다.

< 영국 부동산 가격의 꾸준한 상승; 외국 자본의 유입 + 사회보장주택 감소 >

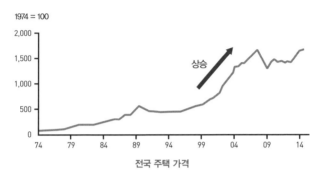

전국 주택 가격

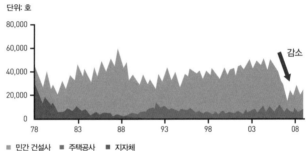

■ 민간 건설사 　■ 주택공사 　■ 지자체

주택 착공

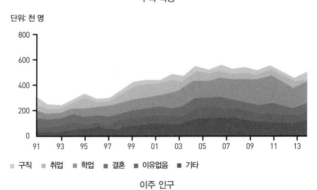

■ 구직 　■ 취업 　■ 학업 　■ 결혼 　■ 이유없음 　■ 기타

이주 인구

자료: CEIC, BIS, 언론보도

나는 부동산 싸게 사기로 했다

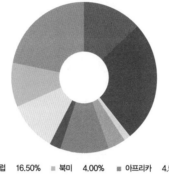

< 영국 부동산으로 몰려든 글로벌 자금 >

■ 유럽	16.50%	■ 북미	4.00%	■ 아프리카	4.50%
■ 중동	7.50%	■ 인도	4.50%	■ 호주	1.70%
■ 러시아	9.10%	■ 아시아	1.10%	■ 남미	0.50%

국가별 외국인 부동산 취득 비율

자료: CEIC, BIS, 언론보도

영국 부동산 가격은 40년간 19배 상승했다. 놀라운 상승 폭이 아닐 수 없다. 1970년대 후반에는 지방정부에서 공급하는 사회보장 성격의 주택이 전체 공급의 절반가량을 차지했다. 하지만 보수당 집권 이후에는 사회보장주택 건설이 감소해 2000년대에 들어서 0에 가까워졌다. 허가 절차가 까다롭고 그 속도가 느린 것이 사회보장주택 공급 위축의 배경으로 지목되며 그동안 지속된 개발로 인해 추가로 개발될 용지가 절대적으로 부족해진 것 역시 사회보장주택 공급의 위축으로 이어졌다. 사람과 돈은 영국으로 유입되는데 공급은 줄어들었으니, 부동산 가격이 크게 오르지 않았다면 오히려 이상한 일이었을 것이다.

중국인이 이민 가고 싶은 나라,
뉴질랜드

뉴질랜드의 부동산 가격 상승률 또한 만만치 않다. 35년 동안 15배 상승했으니 말 다 했다. 이러한 상승의 배경에는 영화 〈반지의 제왕〉(2001)과 중국인이 있다. 영화 〈반지의 제왕〉이 뉴질랜드의 부동산 가격을 올렸다고 하면 고개를 갸우뚱할 수 있겠지만, 뉴질랜드의 관광객 수를 보면 이해가 간다. 뉴질랜드의 총 인구 수는 오백만 명인데 2014년 한 해 관광객이 약 삼백만 명에 달한다. 한 해동안 전체 인구의 60%에 달하는 관광객이 찾아온다니 상상하기 어려운 수준이다. 특히 뉴질랜드에서 촬영한 〈반지의 제왕〉 이후 관광객은 더욱 늘어났으며 부동산 가격 상승에도 일조했다는 시각이 대부분이다.

수려한 자연경관을 바탕으로 한 이민 인구의 증가와 9.11테러 이후 해외에 머무르던 부자들의 뉴질랜드 귀국이 가속화된 점도 뉴질랜드 집값을 끌어올린 요인으로 풀이된다. 특히 최근에는 '글로벌 부동산의 큰손 중국 자금'의 투자 확대가 뉴질랜드 부동산 가격을 상승시키는 데 톡톡히 한몫했다. 게다가 포브스(Forbes)의 설문조사에 따르면 뉴질랜드는 호주에 이어 중국인이 선호하는 이민국 2위로 뽑혔으며 실제로 중국인의 이민이 크게 증가하는 모습을 보였다.

< 뉴질랜드 부동산 가격의 꾸준한 상승; 영화 <반지의 제왕> + 중국인의 이민 >

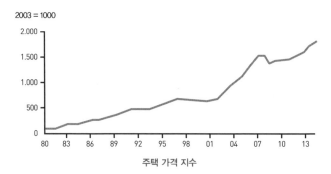

2003 = 1000

주택 가격 지수

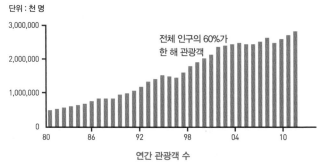

단위 : 천 명

전체 인구의 60%가
한 해 관광객

연간 관광객 수

자료: CEIC, BIS

< 뉴질랜드는 중국인이 가고 싶어 하는 나라 2위다 >

순위	국가	투자이민 최소금액	투자 연한	투자방식
1	호주	150만 호주달러	없음	투자
2	뉴질랜드	150만 뉴질랜드 달러	4년	투자
3	독일	2만 5천유로	3년	창업
4	스웨덴	10만 스웨덴 코로나	2년	창업
5	싱가포르	250만 싱가폴 달러	5년	투자
6	스페인	50만 유로	없음	부동산투자
7	프랑스	33만 유로	없음	부동산투자
8	캐나다	22만 캐나다 달러	없음	투자
9	미국	50만 달러	없음	투자
10	영국	100만 파운드	5년	투자

자료: CEIC, BIS, Forbes

시진핑의 부패 척결이
부동산을 들어 올리다, 대만

가장 신기한 나라는 대만이다. 대만은 1인당 GDP와 노령화 진행 속도가 한국과 비슷하고 IT 관련 수출 비중이 높다는 점에서 한국과 자주 비교된다. 주요 성장 동력이었던 IT 산업이 한국에 밀리면서 대만 경기는 최근 고전을 면치 못하고 있다. 실제로 1990년 이후 대만 수출 금액이 4.5배가 되는 동안, 한국 수출 금액은 9.3배로 늘어나면서 대만의 수출 실적을 훨씬 앞질렀다. 이렇듯 노령화, 정체된 경기만 놓고 보자면 대만 부동산 가격은 그저 그랬거나 오히려 하락했을 것 같다는 짐작을 하게 된다. 하지만 실제 결과는 정반대다. 대만과 한국의 부동산 추이는 최근 확연하게 갈렸다. 한국의 부동산 가격지수가 횡보하는 데 반해 대만 부동산 가격은 상승세를, 그것도 5년간 무려 2배의 상승을 기록했다.

< 65세 인구 비중, 평균 가구원수, 1인당 GDP 등 많이 닮아 있는 한국과 대만 >

	한국	대만	중국	싱가폴	홍콩	일본	합계
인구 및 경제							
인구(백만 명)	48.6	23.1	1338	5.1	7.1	127..5	1,550
65세 이상 인구 비중(%)	11.1	10.7	8.2	9	12.7	22.7	12.4
평균 가구원수	2.8	3	3.2	4.4	3.1	2	3.2
1인당 GDP	22,961	21,410	4,833	48,286	34,058	45,659	29,534
주택 및 모기지 시장 지표							
자가거주율(%)	54.2	83.8	89.3	87.2	51.9	61.1	73.3
GDP 대비주택 담보대출비율(%)	33	28	28	–	39	37	33

자료: KDI 재인용
주: 가구원수는 일본(08), 중국(09), 홍콩(06), 나머지는 2011년 기준

닮은 꼴 대만과 한국;
부동산 가격도 비슷하게 움직였을까

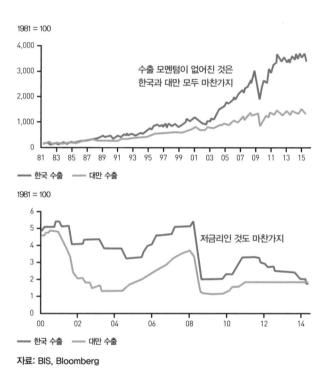

1981 = 100

수출 모멘텀이 없어진 것은
한국과 대만 모두 마찬가지

— 한국 수출　　— 대만 수출

1981 = 100

저금리인 것도 마찬가지

— 한국 수출　　— 대만 수출

자료: BIS, Bloomberg

　1인당 GDP, 노령화 진행속도, IT 관련 높은 수출 비중 외에도 대만과 한국은 '수출 모멘텀이 없어졌다'는 점과 '저금리 기조가 유지된 지 오래되었다'는 점에서도 공통된 부분이 있다. 부동산 환경만 놓고 보면 대만의 자가 거주율은 85%로 한국보다 높다. 자기 집에 사는 사람이 더 많다는 것은 부동산 가격이 상승할 가능성이 오히려 낮다는 얘기이기도 하다.

　뉴질랜드와 마찬가지로 이렇게까지 대만 부동산 가격이 무섭게 오른 것은 중국 자본의 유입 덕분이었다. 중국은 대만을 정식 국가로 인정하지 않고 있지만, 그럼에도 대만은 중국과 언어 및 문화 면에서 분명 유사하다. 아울러 좀 더 직접적으로는 최근 대만 금융 당국이 위안화 거래를 정책적으로 늘린 것이 중국 자본을 대만으로 끌어들이는 데 큰 역할을 했다. 실제로 대만의 전체 외환거래 중 위안화가 절반가량을 차지한다.

　아울러 중국 언론을 검색해 보면 보시라이(薄熙來)[9] 스캔들 이후 반부패 자금이 대만으로 많이 유출되었다는 뉴스를 찾아볼 수 있다. 시진핑은 2012년 집권한 이후 꾸준하게 반부패를 강조했다. 중국 공산당 유력 인사들이 조사를 받거나 처벌받는 사례도 지속적으로 언론에 보도되고 있는 상황이다. 반부패에 칼을 휘두르는 시진핑을 피해 대만으로 흘려보낸 급한 자금들이 대만의 부동산 가격을 들어 올렸다는 것이 중국과 대만 현지의 의견이다. 데이터로 분석해내기 쉽진 않았지만 그럴 듯하게 들린다.

----
9) 2012년 2월 6일 왕리쥔(王立軍) 충칭시 공안국장이 미국 총영사관을 방문해 망명을 시도함으로써 보시라이 관련 비리 문제들이 드러나게 되었던 중국의 최대 정치 스캔들.

게다가 최근 홍콩에서 대만으로 이민 가는 사람들도 늘고 있다. 홍콩은 널리 알려진 대로 살인적인 집값으로 유명하다. 아시아에서 홍콩의 집값이 가장 비싸며, 최근에는 홍콩 반산(半山) 호화주택 구역에 위치한 '39 콘딧로드(天滙)' 아파트의 46층 복층 한 채가 5억 9천만 홍콩달러(891억 원)에 거래돼 아시아 최고가 아파트 기록을 경신했다. 평당으로 계산하면 무려 한국 돈으로 5억 5천만 원에 달한다. 물론 아주 초호화 주택의 가격이겠지만, 최근 한국 강남의 분양가가 4,000만 원을 넘어서서 논란이 되었던 걸 감안한다면 그야말로 살인적인 집값이다. 살기 힘들어서 이민 간다는 말이 정말 이해된다.

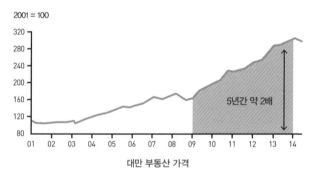

< 대만 부동산 가격; 5년간 약 2배 상승 >

자료: BIS

나는 부동산 싸게 사기로 했다

< 대만의 위안화 거래; 빠르게 증가 >

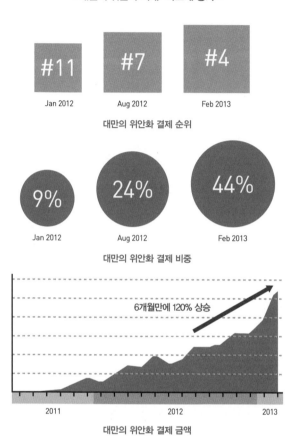

대만의 위안화 결제 순위

대만의 위안화 결제 비중

6개월만에 120% 상승

대만의 위안화 결제 금액

< 홍콩→대만; 이민자 수 증가 >

단위: 명

자료: BIS, 언론보도, Swift

즉, 정리하면 우리나라와 닮은 데가 많았던 대만의 부동산 가격
이 급상승세를 탄 원인은 '중국 자본(보시라이 스캔들 이후 반부패 자금
포함)의 유입'과 '홍콩에서 대만으로의 이민자 수 급증(홍콩의 비싼 집
값, 우산혁명[10] 이후 중국과의 관계 악화 등이 그 배경으로 지목됨)'에 있었다고
볼 수 있는 것이다.

멀리 대만까지 갈 것도 없다. 제주도에 그렇게 중국인이 많아질
줄, 그리고 '사람을 낳으면 서울로 보내고 말을 낳으면 제주도로 보
내라'라는 속담이 있을 정도로 소외됐던 제주도의 부동산 가격이
이렇게 오를 줄, 누가 알았을까. 대만 사람들도 집값이 저렇게 오를

----
10) 2014년 9월부터 12월 15일까지 약 79일간 이어진 홍콩의 민주화 시위.

　　　　　　　　　　　나는 부동산 싸게 사기로 했다

줄 몰랐을 것이다.

한국도 마찬가지다. 장기적으로 집값이 얼만큼 오를지는 아무도 모르는 것이다. 외국 자본, 특히 중국계 자금이 어느 정도로 유입되는지가 부동산의 긴 그림을 좌우하는 데 결정적인 역할을 할 것이다. 중국 자금 유입은 중장기 부동산 그림을 그리는 데 중요한 체크 포인트이다.

한국 부동산, 외국 자본의 유입으로 핫해질 수 있다?

외국인의 눈으로 본 한국 부동산, 매력적인가

영국, 뉴질랜드, 대만의 사례를 통해 저금리와 함께 외국인의 자금 유입이 부동산 가격을 좌우한다는 힌트를 얻었다. 한국 역시 마찬가지로 인구 구성, 통일 등 변화시키기 힘든 부분보다는 외국인의 자금 유입 여부가 부동산 중기 추세를 그리는 데 중요한 요소가 될 수 있을 것이다.

그렇다면 외국인의 눈으로 봤을 때 한국 부동산은 과연 투자할 만한 대상일까? 외국인이 해외 부동산에 투자할 때 고려하는 요소는 크게 두 가지로 나뉜다. 바로 제도와 수익률이다. 부동산 관련 제도가 까다롭거나 복잡하지 않고 기대할 수 있는 수익률이 높

나는 부동산 싸게 사기로 했다

다면, 외국 자본이 한국 부동산으로 들어올 것이다. 하지만 결론부터 말하자면 외국인의 시각에서 볼 때 현재 전반적인 제도와 수익률을 기반으로 한 한국의 부동산은 크게 매력적이지 않다.

< 제도와 수익률로 본 한국 부동산의 매력도 >

| 제도 | 투자이민제도[11]가 확대 중이나 제주도를 제외한 나머지 지역은 전무한 편. 조세제도 역시 전반적으로 복잡하다는 평가 |
| 수익률 | 저조한 외국인 유입, 전세제도, 화교에 냉담했던 역사적 사례 이는 한국 부동산의 기대 수익률을 반감시키는 요인 |

2010년 제주도를 시작으로
부동산 투자이민 확대

중국 부자들이 와서 제주도 땅을 시가의 두세 배는 쳐주고 사갔

----

11) 국내 투자이민제도(한국관광공사, 투자이민제도 국가별 사례비교 및 시사점 참고): 국내 투자이민제도는 '외국인 투자촉진법'에 따라 ① 미화 50만달러 이상 투자한 외국인으로서 기업투자 체류자격(D-8)으로 3년 이상 계속 체류하고 있는 사람, ② 미화 50만달러 이상을 투자한 국내 외국인 투자기업에 파견한 임직원으로서 3년 이상 계속 체류하고 있는 사람, ③ 미화 30만달러 이상을 투자한 외국인으로서 2명 이상의 국민을 고용하고 있는 사람, ④ 부동산 투자와 관련하여 체류요건이나 고용요건 없이 자산요건만으로 체류 자격을 부여하고 있다. 휴양 목적 체류시설에 일정금액 이상(5억~15억, 원화)을 투자한 사람이며, 5년간 투자 상태를 유지해야 한다.

다는 뉴스는 이제 더 이상 새롭지 않다. 발단은 제주도에 부동산을 살 경우 제공했던 영주권이었다. 정부는 2010년 2월 제주도를 시작으로 부동산 투자이민제도를 확대 중이다. 외국인의 국내 토지소유 면적은 32조 원이며 면적은 전국의 0.2%다(2012년 말 기준). 토지가액 기준으로는 서울이 10조 원, 경기 6조 원으로 절반을 차지한다.

제주도를 제외하면
유치 실적 전무

현재 부동산 투자로 거주 및 영주 자격을 신청할 수 있는 지역은 제주도(2010년 2월 이후), 강원도 평창 알펜시아(2011년 2월 이후), 여수 경도(2011년 8월 이후), 인천 미단시티와 영종 복합리조트(2011년 12월 이후), 부산 해운대구와 기장군(2013년 5월 이후)이다. 최소 투자액은 원화로 대략 5억 원(제주도, 강원도 알펜시아, 여수, 부산 동부산 관광단지)에서 7억 원(인천, 부산 해운대)으로 지역마다 다르게 적용되고 있다. 하지만 2013년 기준으로 제주도를 제외하면 유치 실적은 미미하다. 아직까지 한국 부동산은 외국인에게는 큰 관심의 대상은 아닌 듯하다.

나는 부동산 싸게 사기로 했다

< 국내 부동산 투자이민제도 현황 >

지역	시행 연도	최소 투자액	성과	대상
제주도	2010.2.	5억 원	562건 3,715억 원	개발사업 지역 내 리조트, 펜션, 별장 등 휴양목적 체류시설
강원도 알펜시아	2011.2.	5억 원		
전남 여수	2011.8.	5억 원		
인천	2011.1.	7억 원		
부산 해운대	2013.5.	7억 원		
부산 동부산 관광단지	2013.5.	5억 원		

자료: 한국관광공사
주: 2013년 12월 말 기준

투자 금액은 다른 나라와
비슷하거나 오히려 적은 편

투자해야 하는 금액이 높다면 그만큼 들어오려는 자금도 줄어들 수 있다. 반대로 투자해야 하는 금액이 낮다면 다른 메리트가 적더라도 한국은 외국인의 부동산 투자 리스트에 이름을 올릴 수 있을 것이다.

투자 금액은 다른 나라와 비슷하거나 오히려 더 적은 편이다. 뉴질랜드의 경우 투자자 자격을 얻기 위해서 4년간 150만 뉴질랜드 달러(한화 약 12억 원)를 투자해야 하며, 미국의 경우에는 50만 달러(한화 약 5.5억 원), 호주의 경우 4년간 7만 5천 호주달러(한화 약 6.5억 원)를 투자해야 한다.

< 뉴질랜드 투자이민제도 >

항목	Investor Plus	Investor
사업경력	제한 없음	65세 이하
투자기간	제한 없음	3년 이상
투자금액	1,000만 뉴질랜드달러 (3년간)	150만 뉴질랜드달러(4년간)
정착자금	제한 없음	100만 뉴질랜드달러 (잔고증명만으로 가능, 송금 필요 없음)
영어능력 (신청자)	제한 없음	영어권 국가 거주경험 배경 IELTS 3.0 이상 성적 기타 영어능력이 충분하다고 인정되는 경우
가족 영어능력	제한 없음	신청자와 동일한 수준을 요구하나 뉴질랜드 TESOL 코스 수강으로 대체 가능
최소 거주일수	3년 중 마지막 2년 동안 연간 44일 이상	4년 중 마지막 3년 동안 연간 146일 이상
건강 및 성격	결격사유에 해당하지 않아야 함	결격사유에 해당하지 않아야 함

자료: 뉴질랜드대한민국대사관(2011), 뉴질랜드 투자이민제도 변경안
주: 2011년 개정안

나는 부동산 싸게 사기로 했다

< 미국 간접투자이민제도 >

조건	EB-5	Pilot Program
투자자금	US$ 1,000,000	US$ 500,000
고용창출	10명 직접 고용	직접 혹은 간접 고용
경영방법	직접 경영	간접 경영
투자자금 상환	즉시 회수 가능	보통 5년(프로젝트 따라 상이)

자료: 미국이민성

< 호주 투자이민제도 >

자격 항목	Subclass 162	Subclass 165
자산	비자 신청 전 최근 2년 동안 자산이 A$ 2,250,000 이상	비자 신청 전 2년간의 순자산액이 A$ 1,250,000 이상 (이외에 충분한 정착비)
투자액	A$ 1,500,000 이상 4년간 예치 (6개월마다 이자 지급)	A$ 75,000 이상을 4년간 예치 (6개월마다 이자 지급)
사업체 소유지분 또는 순자산	지난 5년 중 1년간, 신청자나 배우자 또는 둘이 합쳐(부부 합산) - 연매출액 A$ 400,000 미만은 51% 지분, A$ 400,000 이상은 30%, 상장기업은 10% 이상의 지분을 소유해야 함 - 투자액 A$ 1,500,000 이상 소유할 것	최근 5년 중에서 1년 이상 기간 동안 신청자나 배우자 또는 둘이 합쳐 - 소유지분 10% 이상(부부 합산)의 사업체를 직접 경영 - 투자액 A$ 750,000 이상을 소유할 것

자격 항목	Subclass 162	Subclass 165
지역선정	선정한 주·지방정부에 신청자 자신의 사업의향서를 사전에 통보해야 함	주·지방정부의 후원이 필요(승인 받은 후에 비자 신청 가능)
나이	45세 미만	55세 미만
영어	IELTS 5.0 이상	조건 없음

자료: 한국관광공사

한국의 복잡한
조세체계

조세 제도 또한 중요한 부분이다. 세금이라면 머리가 지끈지끈한 것은 만국 공통이다. 한국의 조세체계는 복잡한 편이라는 평가를 받는다. 용도별로 세율체계가 다르기 때문이다. 대부분 부동산 관련 조세는 복잡한 편이나 영국의 경우 주거용과 비주거용으로만 나뉘어 있어서 복잡하지 않으며, 미국은 주마다 차이는 있지만 대체적으로 세율체계가 단순하다는 평가를 받고 있다. 기대할 수 있는 수익이 높지 않으면서 조세제도가 까다로운 것은 외국인으로 하여금 한국 부동산의 매력을 반감시키는 요인이다.

< 한국의 조세체계 >

국가명	용도별 차등과세	비과세 · 감면
한국	용도별로 세율체계가 상이해 매우 복잡한 체계	비과세 · 감면이 상당히 많은 복잡한 체계
영국	주거용, 비주거용으로만 나뉘어 있어 복잡하지 않음	비과세 · 감면 조항이 많지 않음
프랑스	세목이 많고, 세율체계가 매우 복잡함	비과세 · 감면 조항이 많아 복잡함
스웨덴	용도별로 세율이 다른 복잡한 체계	비과세 · 감면 조항이 많지 않음
덴마크	용도별로 세율체계가 다르지 않음	주로 소득 수준과 연계된 조항들이 많고, 이외에는 많지 않음
미국	주마다 상이하지만, 대체적으로 세율체계가 단순한 편	비과세 · 감면 조항도 주마다 상이하지만 대체로 많지 않음
대만	세목별로 세율체계가 매우 복잡함	지가세, 토지증치세, 방옥세 순으로 감면규정이 많음

자료: 건설교통부

외국인 자금 유입,
아직은 먼 이야기

한국에 외국 자본이 몰려들어와 영국, 뉴질랜드, 대만과 같이 예상치 못한 부동산 가격 상승 현상이 나타날 가능성은 현재로서 높지 않다.

< 한국으로의 순이민은 일본과 동률이다 >

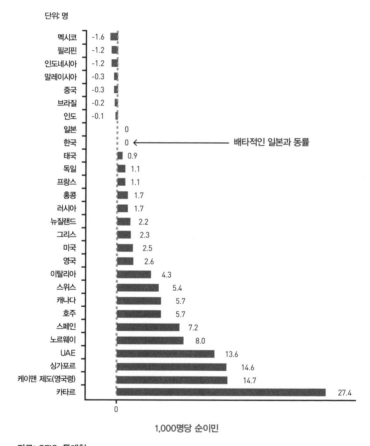

단위: 명

멕시코	-1.6
필리핀	-1.2
인도네시아	-1.2
말레이시아	-0.3
중국	-0.3
브라질	-0.2
인도	-0.1
일본	0
한국	0 ← 배타적인 일본과 동률
태국	0.9
독일	1.1
프랑스	1.1
홍콩	1.7
러시아	1.7
뉴질랜드	2.2
그리스	2.3
미국	2.5
영국	2.6
이탈리아	4.3
스위스	5.4
캐나다	5.7
호주	5.7
스페인	7.2
노르웨이	8.0
UAE	13.6
싱가포르	14.6
케이맨 제도(영국령)	14.7
카타르	27.4

0

1,000명당 순이민

자료: CEIC, 통계청

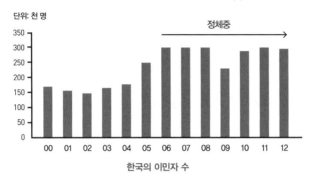

자료: CEIC, 통계청

한국의 이민자 수

최근 TV에 한국말 실력이 유창한 외국인들이 많이 등장하고 있으나, 전체 통계상 한국은 이민 인구가 매우 적은 편이다. 국가별 이민 데이터를 살펴보면 중동 지역과 조세회피 지역으로의 이민이 두드러진다(데이터상에서는 제외했지만 1위가 레바논이다). 인구 유·출입이 자유로운 EU는 1,000명당 4~5명 이상, 미국과 영국 등은 2명 이상의 이민 인구가 매년 유입되고 있다. 이에 반해 한국은 1,000명당 순이민 인구가 0명으로 외국인에 배타적이라 알려져 있는 일본과 동률이다. 절대수치로 봐도 한국으로의 이민은 2005년 증가 이후 정체 양상을 띠고 있다.

외국인 중에서도 가장 중요한 것은 중국인일 것이다. 요즘 부동산업계에서 큰손은 단연 중국, 즉 화교 자본이다. 그들은 대만, 뉴질랜드뿐만 아니라 글로벌 부동산을 들었다 놨다 하고 있다.

한국은 중국의 제1수출국가지만 반대로 화교 자본의 對한국 투자 실적은 저조하다. 실제 지난 10년간 인천에 투자된 외국인 투자 금액은 66억 달러인데, 그 중 화교자본은 5.3억 달러로 1/10에도 미치지 못한다. 제도를 바꿔나가면서 화교 자본의 유입 규모가 늘어날 수는 있으나 현재까지의 성적표는 초라하다. 중국인 관광객 확대 등 최근 중국인을 바라보는 시각은 급격히 바뀌고 있지만, 화교 자본에 냉담했던 지난날의 경험은 저조한 투자유치실적으로 이어지고 있다.

< 인천경제특구 투자 현황 >

전체 외국인 투자   화교 자본 투자

자료: 인천경제자유구역청

나는 부동산 싸게 사기로 했다

한국은 1960~1970년대 화교에 대한 부동산 소유제한과 화폐개혁, 자장면 가격 동결 등으로 화교세력을 견제하며 비우호적인 정책을 펼쳤다. 그 결과 많은 화교들이 한국을 떠났다. '한국은 차이나타운이 없는 유일한 나라'라는 비유는 그만큼 인상 깊다. 안타깝게도 한국은 철저한 화교 소외국가였던 것이다. 이러한 영향 때문인지 중국이 한국의 제1수출 대상국인데 반해, 한국에 대한 중국인의 투자 성적표는 보잘것없다.

내 집 마련 골든타임

중국인 애널리스트가 본 한국 부동산

"중국 사람들은 뭘 보고 집 사요?"

한국 증권사에서 수년간 근무한 중국인 애널리스트에게 중국인의 부동산 투자 패턴에 대해 질문했던 내용을 소개한다.

중국인의 부동산 매입 기준은 세 가지로 요약된다.

① 이민제도
② 자연경관
③ 절대적인 가격 메리트

첫 번째는 이민제도로서, 해외여행과 부동산 매입이 자유롭지 않은 중국인에게 '이민제도의 허들이 얼마나 낮은가'는 부동산 매입에 중요한 부분으로 꼽힌다. 실제로 해외여행이 비교적 덜 번거로운 홍콩 여권은 중국 부자들이 가장 갖고 싶어 하는 아이템 중 하나이다.

두 번째는 자연경관으로서, 쉽게 말해 별장 역할을 해줄 수 있느냐 하는 부분이다. 중국인들에게 뉴질랜드나 호주 부동산이 각광을 받는 이유이기도 하다. 최근 중국의 미세먼지 문제가 현지에서 사회적으로 다루는 수준에 이를 정도로 심각해졌다. 지난 겨울 베이징에는 스모그 적색경보가 처음으로 발령되었고, 중국에서 작년 하루 평균 2,000명의 폐암환자가 발생한 것으로 알려졌다. 단순히 자연경관뿐 아니라 깨끗한 자연은 중국인의 부동산 투자에 중요한 요소가 되었다.

세 번째는 가격 메리트, 즉 수익성이다. 해외 부동산 투자만큼 공격적인 투자도 없을 것이다. 통화와 금리, 온갖 제도가 다른 나라에 하는 투자이기 때문이다. 그런 만큼 향후 그 나라의 부동산 전망이 어떨지가 매우 중요하게 여겨질 것이다. 한국 특히 서울의 부동산은 중국 상해, 북경 고가의 지역보다 더 비싼데 가격 메리트는 적다.

이 세 가지 요소의 교집합이 되는 유일한 지역은 한국에서 제주도가 유일한 듯하다. 자연경관과 함께 가격 메리트가 있고 중국과 가깝게 위치해 있어 제주도의 부동산 투자이민제도가 바뀌자마자 중국인이 매집에 나선 것이다.

이러한 시각으로 서울을 객관적으로 바라봐보자.

이민제도, 자연경관, 가격 메리트 중 어느 하나도 눈에 차는 것이 없다. 향후 이민제도가 바뀐다면 상황이 달라질지도 모르지만 현재 중국인들이 제주도처럼 서울 부동산을 마구잡이로 사들일 가능성은 낮아 보인다. 마포 등 일부 지역에 중국 부동산 큰손들이 대거 부동산을 매집했다는 소식은 전해지고 있지만, 전체 한국 부동산 가격을 띄울 만큼은 아닌 것으로 보인다.

강력
추천

친절한 BIS에서
글로벌 부동산 가격 찾아보기

    글로벌 부동산을 분석할 때 가장 난감했던 것은 '국가별로 어떤 부동산 가격을 쓸 것인가'를 선택하고 데이터를 구하는 일이었다. 한국은 대표적인 주거 형태로 아파트, 지역은 서울 혹은 수도권으로 대표 지표를 선택하면 되지만 다른 나라의 경우, 아파트에 사는지 주택에 사는지 하나하나 검색할 수는 없는 일이었다(사실 검색한다고 대표적인 주거 형태를 알아낼 수는 있었을까도 의문이었다).

나의 이러한 데이터 고민은 친절한 BIS가 싹 해결해주었다.

BIS(Bank for international Settlements·국제결제은행)는 스위스 바젤에 본부를 둔 국제기구로, 은행의 건전성 확보를 위해 은행의 자기자본 비율 등을 정하는 역할을 하고 있다. 은행계의 IMF 정도로 감을 잡으면 된다. 은행 관련 뉴스에서 한 번쯤은 들어 봤을지도 모르겠다.

부동산 책에서 BIS 얘기까지 하는 이유는 친절하게도 BIS가 글로벌 부동산 가격을 시계열로 수집해 발표하고 있기 때문이다. 은행을 관장하는 기구인 BIS가 왜 굳이 수고를 들여 국가별 부동산 가격을 일일이 발표하는 것일까? 아마도 이유는 은행 건전성 및 전체 시스템에 그만큼 부동산이 중요한 요인이기 때문일 것이다.

BIS 웹사이트(http://www.bis.org/statistics/pp.htm) 혹은 구글에서 Residential Property Price Statistics를 검색하면 국가별로 부동산 가격의 시계열 데이터에 손쉽게 접근할 수 있다.

나는 부동산 싸게 사기로 했다

　BIS는 무려 58개국의 부동산 가격을 수집해서 발표하고 있다. 국가별로 연간 데이터가 나오는 경우도 있지만, 대부분은 분기나 월별로 가격의 변화를 파악할 수 있다. 시계열이 가장 긴 것은 1970년 이후부터 데이터가 제공되며, 신흥국으로 갈수록 구할 수 있는 데이터는 보통 짧아진다. 직접 데이터를 엑셀로 보고 싶다면, 사이트에서 엑셀 파일을 다운받는 것도 가능하다.

　한국의 경우 주거용 종합가격지수(All type of Dwellings)와 지가의 두 가지가 발표되고 있으며, 미국의 경우 기존 주택과 신규 주택이 나뉘어서 발표되고 있다. 국가별로 용어는 다소 생소할 수도 있다. 나만 해도 주거 형태의 분류에서 Flats를 보고 사전을 찾아봤던 기억이 떠오른다(Flats는 편평하다는 뜻이지만, 명사로는 연립 주택, 다세대 주택, 즉 한국식 아파트를 일컫는 단어이다). 본 책의 국가별 부동산 가격은 주거용 종합가격지수를 기준으로 했음을 알려둔다.

BIS까지 봐야 하는 이유는 부동산에도 글로벌 유행이 있기 때문이다.

다른 나라 부동산 가격까지 봐야 하나 싶은 생각이 들 수도 있다. 하지만 그야말로 글로벌 경제가 아니던가. 중국에서 만든 상품을 쓰지 않고는 살 수 없을 지경이 되어버렸고, 오늘 직구로 상품을 주문하면 일주일이면 내 손 안에 물건이 배달되는 시대가 되었다. 한마디로 글로벌 경제의 연관도는 예전과는 비교가 안될 정도로 높아졌다는 뜻이다.

부동산도 마찬가지다. 아무리 움직일 수 없는 자산, 이름도 그대로 '부동산'이기는 하지만 글로벌 경기 흐름과 유동성에 직간접적인 영향을 받는다. 대표적으로 2000년대 중반은 글로벌 부동산의 호황기였다. 유럽은 물론 미국 등 주요국의 부동산 가격이 대부분 올랐으며, 한국도 예외는 아니었음을 상기해 보자.

아울러 요즘은 해외 부동산 큰손들이 그야말로 각지에 투자를 하고 있다. 다른 나라의 부동산 가격을 들춰보며 글로벌 트렌드를

나는 부동산 싸게 사기로 했다

파악하는 일은 내 집을 비싸게 살 리스크를 줄여주는 데 분명 일
조할 것이다. 주식 투자를 열심히 하는 사람이라면 눈뜨자마자 전
일 미국 및 유럽 시황을 읽는 것으로 하루를 시작할 것이다. 부동
산도 마찬가지다. 주식처럼 매일 보지 않아도, 분기마다 한 번 정
도씩만 시간을 들여도 글로벌 부동산 트렌드의 큰 흐름은 읽을 수
있을 것이다.

02

장기 부동산 전망
비관적이지 않다

비관 혹은 긍정
한 가지만으로
섣불리 전망하거나
단정짓지 말자
언제나 그렇듯
미래는 정해져
있지 않다

충분히 가변적인 장기 전망,
외국 자본 유입에 초점을 맞추자

언제나 그렇듯 미래는 정해져 있지 않다.

미래를 전망하고 예상하는 시각조차 긍정 일색이거나, 비관 일색일 수만은 없는 것이다. 말장난 같지만 언제나 모든 것이 섞여 있지 않던가. 그래서 나는 나의 주관보다는 냉정한 데이터의 힘을 빌려 단기 부동산 그림을 그려 보았고, 장기 부동산에 관해서는 추상적인 전망보다는 케이스 스터디의 힘을 빌려 보았다.

단기적으로,

최근 공급 데이터는 2016년까지의 부동산 가격 상승과 2017년 이후의 가격 조정을 예고하고 있다. 가격 조정은 가격이 먼저 올랐던 지방에서 먼저 시작될 가능성이 높다.

중기적으로,

2017년 이후 부동산에 부는 찬바람에도, 한국 경제가 일본식 부동산 폭락의 길을 걷게 되지는 않을 것이다. 소득이나 물가 대비 한국 부동산에는 거품이 별로 없기 때문이다. 잔파도는 있겠지만 중기적으로 한국 부동산은 물가 수준의 완만한 상승세를 이어갈 가능성이 훨씬 높다.

장기적으로,

외국 자본의 유입이 한국 부동산 가격 상승으로 이어지는 스토리는 '아직' 멀어 보인다. 그럼에도 불구하고 장기 부동산 전망이 비관적이란 결론은 아니라는 점을 강조하고 싶다. 대만, 뉴질랜드 등의 사례 외에도 예상치 못한 시기에 부동산 가격이 장기 상승세로 전환된 사례들은 충분히 많기 때문이다. 유럽의 부동산 상승세는 노령화와 함께 진행됐었고 거의 30년 동안 횡보했던 독일 부동산은 최근 10%가 넘는 상승세를 기록 중이다. 장기 사이클은 충분히 가변적이다. 외국 자본의 유입 여부가 중요한 만큼 얼만큼 많은 외국인들이 집을 사는지를 지켜보며 한국 부동산의 장기 그림을 그려나갈 필요가 있다.

가격 전망에 동의하지 않는다 하더라도

집을 사는 것이 훨씬 유리하다고 생각하는 이유는 바로 월세 때문이다.

오랫동안 유지된 전세 제도 대신 월세가 빠르게 늘어나고 있다. 깔고 앉아 있는 전세 보증금 대신 월세는 다달이 주거비가 지출된다는 측면에서 크게 다르다. 안 그래도 빠듯한 가계부는 매달 월세를 내며 더욱 빠듯해질 것이며 저축은 다른 세상 이야기가 될 수 있다. 부동산 가격이 이미 폭락한 일본조차 월세가 매우 비싸다. 월세를 내는 것보다는 집을 사는 것이 더 유리하다.

'분양 프리미엄' 대신 '미분양'이란 단어가 다시 뉴스를 도배할 때, 차분하고도 냉정하게 적극적으로 부동산을 알아보자.

"그래서 집을 사야 할까 말아야 할까"

나는 아직 집이 없다.

아직은 전세살이 신세다. 만일 누군가 내게 집을 살 것인지 묻는다면 주저 없이 '사겠다'고 대답할 것이다. 계속 이사 다닐 자신도, 전셋집을 보러 다닐 자신도, 애들을 전학시킬 자신도 없기 때문이다. 첫째 아이가 다른 어린이집으로 전학 갔을 때 적응하는 데 한 달이 꼬박 걸렸다. 네 살짜리 아이라 충분히 그럴 만하다고 생각했지만 할 수만 있다면 전학 한 번 시키지 않고 애들을 키우고 싶은 게 부모 마음일 것이다.

개인적으로는 2018년을 전후해서 집주인의 대열에 합류하기 위한 준비를 하고 있다. 연말 연초에 남편과 엑셀을 열어놓고 한 달에 얼마큼을 모아야 하는지 계산할 때에는 희망에 차 있기보단 갑갑하고 짜증나는 마음이 더 컸다. 2018년을 목표로 '아무리 공포스러워도 냉정한 데이터를 믿어 보자'는 나의 주장에 남편은 매번 묻곤 한다.

"너, 그 전망이라는 거 말이야…… 진짜 맞긴 한 거야? 그거 틀리면 우리 큰일 나."

사실이다.

지금까지 쭉 설명했던 '분석과 전망'이라는 게 틀리게 되면 그 뒷감당이 '큰일' 정도로 끝이 날까. 그런 마음가짐으로 이 책을 썼다.

집,
사야 할까? 말아야 할까?

어미의 마음을 떠나서 계산기를 두들긴 결과도 집을 사는 게 좋겠다는 게 나의 결론이다. 결과적으로, 집을 사지 않는 경우가 집을 사는 경우보다 더 많은 비용을 지불하게 된다. ① 극단적인 사례가 아니라면 집의 명목 가격 즉, 절대 가격이 크게 하락할 일이 거의 없고 ② 월세 비율이 빠르게 증가하고 있으며, 세계 대도시의 경우 가처분 소득의 1/3~1/2까지도 주거비로 지출한다.

부동산에 대한 고민을 하면서 다양한 사람들과 많은 대화를 나눴다. 그들은 "내가 '살' 집이라면 하다못해 2007년 부동산 꼭지를 잡았다 할지라도 아주 큰 스트레스를 받지는 않았다"라는 반응이 대부분이었다. 투자가 아닌, 내가 살아야 하는 집, 어딘가에는 이 지친 몸을 뉘일 수 있는, '살 수 있는 곳'이 있어야 했기 때문일 것이다.

가까운 일본의 사례는 부동산 가격이 하락하면 정말 주거비가 낮아지는가에 대해 곰곰이 생각하게 만든다. 일본은 10년이 채 안되는 짧은 기간 동안 부동산 가격이 다섯 배가 올랐다가 다시 5년 만에 제자리로 돌아오게 된 극단적인 경우였다. 집값이 60% 넘게 하락하면 그때는 과연 집을 살 수 있을까?

단순히 숫자 60%라고만 써놓으면 체감상 느낌이 잘 오지 않겠지만 강남의 10억짜리 아파트가 4억 아래로 떨어졌다는 뜻이다. 집값이 그렇게 크게 하락하게 되면 내 월급은 그 이하로 낮아질 가능성도 높다. 아울러 본문에서도 소개했듯이 일본의 월세는 여전히 아찔한 수준이다. 일본 도쿄의 11평 오피스텔 월세는 80만 원 수준이다. 유럽이나 미국 등 선진국의 도시 경우에도 적게는 월급의 1/5에서 많게는 절반 가까이를 주거비로 지출하는 것으로 알려져 있다. 한국 가구당 월평균 소득은 430만 원선인데, 최소 80만 원에서 최대 200만 원까지 주거비로 나갈 수도 있다.

2~3년이란 짧은 기간 내에는 착공과 인허가 데이터를 무기로,

5~10년 이상의 중장기 그림은 외국인 자본 유입의 흐름을 단서로 삼아 한국 부동산 가격 움직임에 대응하도록 하자.

덧붙여, 이 책의 출간을 위해 집필 작업에 들어간 나를 지지해주며 원고를 수정하고 있는 지금 이 시간에도 집안일을 하고 있는 남편 김진성과 얼굴마저 잘생긴 두 미남이에게 고맙고 사랑한다는 말을 지면을 빌려 하고 싶다. 양가 부모님을 비롯한 모든 나의 가족들, 가족과도 같은 친구들에게도 사랑한다는 말을 전한다. 무엇보다 워킹맘 딸의 뒷바라지를 위해 손자 두 명과 매일 고군분투하시는 여필례 여사님께 이 책을 바친다.
아울러 일면식도 없지만 내 분석 내용을 지지해주고 비판해주신 많은 분들께 진심으로 감사의 말씀을 올린다.

2016년 2월
김효진

나는
부동산
싸게
사기로
했다

초판 1쇄 발행 2016년 4월 7일
　5쇄 발행 2017년 3월 30일

지은이 김효진
펴낸이 이광재

책임편집 김미라   **교정** 맹인호
책임디자인 이창주 **도표** 이철주 **마케팅** 허남

펴낸곳 카멜북스   **출판등록** 제311-2012-000068호
주소 경기도 고양시 덕양구 통일로 140 (동산동, 삼송테크노밸리) B동 442호
전화 02-3144-7113   **팩스** 02-374-8614   **이메일** camelbook@naver.com
홈페이지 www.camelbook.co.kr   **페이스북** www.facebook.com/camelbooks

ISBN 978-89-98599-17-1 (03320)